游 泳 救 生 员 国 家 职 业 资 格 培 训 教 材

游泳救生员

（游泳池救生）（第2版）

国家体育总局职业技能鉴定指导中心
中国救生协会　　组编

高等教育出版社·北京

内容提要

本书按照国家职业资格证书制度的相关要求和《游泳救生员国家职业标准》对游泳救生员的能力要求，由国家体育总局职业技能鉴定指导中心和中国救生协会组织编写。全书共分八章，主要内容包括游泳救生员职业概述，救生游泳的基本技术，游泳救生的观察与判断、赴救技术、现场急救，游泳公共卫生和安全常识及游泳池救生管理，游泳救生员的培训与教学，以及相关法律法规基础知识。

本书是游泳救生员国家职业资格培训教材，同时可作为普通高等学校体育专业双证书课程教材，也可作为体育管理机构、游泳运动俱乐部的业务培训教材。

图书在版编目（ＣＩＰ）数据

游泳救生员：游泳池救生 / 国家体育总局职业技能鉴定指导中心，中国救生协会组编. -- 2版. -- 北京：高等教育出版社，2020.4（2024.5重印）

游泳救生员国家职业资格培训教材

ISBN 978-7-04-053970-7

Ⅰ. ①游… Ⅱ. ①国… ②中… Ⅲ. ①游泳池–救生–技术培训–教材 Ⅳ. ①G861.17

中国版本图书馆CIP数据核字（2020）第057017号

策划编辑　陈　海	责任编辑　陈　海	封面设计　张　志　　版式设计　王艳红
责任校对　窦丽娜	责任印制　赵　振	

出版发行	高等教育出版社	网　　址	http://www.hep.edu.cn	
社　　址	北京市西城区德外大街4号		http://www.hep.com.cn	
邮政编码	100120	网上订购	http://www.hepmall.com.cn	
印　　刷	北京鑫海金澳胶印有限公司		http://www.hepmall.com	
开　　本	787mm×1092mm 1/16		http://www.hepmall.cn	
印　　张	12	版　　次	2010年4月第1版	
字　　数	250千字		2020年4月第2版	
购书热线	010-58581118	印　　次	2024年5月第5次印刷	
咨询电话	400-810-0598	定　　价	48.00元	

本书如有缺页、倒页、脱页等质量问题，请到所购图书销售部门联系调换

审委会名单

主　任：郎　维

副主任：姜兴华　高元义　杨新利

编委会名单

成　员：宋云飞　赵正光　魏　来　许　琦　杨晓晨

本书执行主编：沈浩然　高　捷

本书参编人员：（以姓氏笔画为序）

于晓光　马法超　王　博　田　力　申　勇

吉　宏　许建成　沈　伟　杨玉强　张雪婕

周玉成　原家谦

推行国家职业资格证书制度是我国改革开放以来推动人力资源开发事业的一项重要举措。职业资格证书是反映就业者专业知识和技能水平的证明，是从业者通过职业技能鉴定进入就业岗位的凭证。

我国建立职业资格证书制度以来，采用政府推动和社会化管理以及与第三方认证相结合的模式，严格执行考培分离规定，按照统一鉴定站资质、统一考评人员资格、统一命题管理、统一考务管理、统一证书核发的"五统一原则"，开展职业技能的考核鉴定，改变了过去传统的自我培训、自我考核、自我认证的方式。这是我国在人才评价认证方式上的一个根本性的变革，它使就业者能按照统一标准和尺度公平竞争，有利于劳动力市场的人才流动，降低了劳动力市场的运行成本，保证和协调了社会劳动力供需双方的利益。这种第三方认证的模式符合国际通行规则，既有利于我国人力资源开发最终与国际接轨，也为我国参与国际经济竞争创造了条件。

国家体育总局按照国家大力推行国家职业资格证书制度，实行学历文凭和职业资格两种证书并重的要求，于2004年正式成立国家体育总局职业技能鉴定指导中心，专门负责体育行业国家职业资格证书的日常技术管理和业务指导工作，并经人力资源和社会保障部批准在全国二十多个省、自治区、直辖市建立了职业技能鉴定站，具体承担相关职业资格考核和鉴定工作。体育行业推行国家职业资格证书制度，通过建立科学、规范、统一的体育行业国家职业标准，针对职业岗位的相关从业人员开展职业资格培训和考核，从而规范大众健身服务市场，提高从业人员综合素质和体育服务标准化水平，保障人民群众健身安全，维护人民群众健身权益，促进全民健身素质的提升和体育市场健康、有序的发展。

目前，由人力资源和社会保障部审定、批准并纳入《国家职业大典》的体育特有职业包括：社会体育指导员、游泳救生员、体育场馆管理员、体育经纪人。其中，社会体育指导员主要有健身教练、游泳、滑雪、健美操、体育舞蹈、轮滑、健美、网球、乒乓球、羽毛球、跆拳道、武术、户外运动、攀岩、潜水、棋类等项目。在国家体育总局各单项协会的大力支持和协助下，国家体育总局职业技能鉴定指导中心按照国家统一要求，组织编写了相关专业的培训大纲、培训教材，作为国家职业资格培训的主要参考材料。

职业资格考核鉴定是一种标准参照式考试，也就是达标考试。培训教材的编写以职业标准为依据、以职业活动为导向、以职业技能为核心，严格按照国家职业标准编写，不过分追求知识的系统性和完整性，保证培训内容符合职业实际，满足职业需要，规范体育行业劳动力市场。

　　由于各职业的工作内容不断调整，专业技术发展很快，社会对体育服务的需求也在不断变化，我们会对培训教材及时进行调整和改进。鉴于编写人员的学识和经验有限，培训教材有待于市场进一步检验。不妥之处，敬请读者提出宝贵意见！

国家体育总局职业技能鉴定指导中心

2020年1月

前　言

　　游泳救生员是人民群众参加游泳健身活动的生命保护者，游泳救生工作是一项拯溺救难、挽救生命的高尚事业，是坚持以人为本，努力构建和谐社会的一个重要组成部分。游泳运动是广大人民群众喜爱的、最普及的健身项目之一，但游泳运动又是一项高危体育项目，每年各地都会发生游泳溺水事故，游泳救生工作的重要性日趋凸显。

　　游泳救生在我国具有悠久的历史，但游泳救生员作为一项正式的职业纳入国家职业分类体系是在 2007 年。为提高游泳救生从业人员素质，国家体育总局人力资源开发中心（职业技能鉴定指导中心）组织专家进行了职业论证，随后开展了游泳救生员国家职业标准的研制。游泳救生员分为初级、中级和高级三个等级，随着游泳救生工作的深入开展，体育行业职业技能鉴定已经实现了培训与考核分离，统一了考核标准，完善了考核机制。国家体育总局人力资源开发中心（职业技能鉴定指导中心）、游泳运动管理中心和中国救生协会，组织了全国长期从事救生工作的人员，在总结当前国际、国内先进的游泳救生技术和器材使用经验的基础上，精心编写了这本教材。本教材文字简练、图文并茂。编写和出版本教材的目的是为从事或即将从事游泳救生工作的人员参加游泳救生员国家职业资格培训和认证提供相对权威的学习材料。同时，本教材还是各大、中、小学组织学生开展游泳活动，使学生提高自我保护意识和掌握基本营救技术的参考用书，也是广大游泳运动爱好者了解游泳救生知识的良师益友。

　　教材围绕游泳救生员国家职业技能鉴定考核内容及标准编写，注重理论与实践结合，突出实用性，强调"易学易练"和"便于操作"。本教材具体编写分工如下：

第一章　杨玉强、高捷、张雪婕

第二章　杨玉强、高捷

第三章　原家谦、高捷

第四章　于晓光、高捷

第五章　沈伟、田力、申勇

第六章　周玉成

第七章　吉宏、申勇

第八章　马法超

　　教材中的技术动作图片由朱浩、侯明达、董徐磊、鲍凯等示范。教材编写过程中，参考引用了部分文献研究资料，在此表示感谢！

编　者

2020年1月

目　录

第一章　游泳救生员职业概述

【学习目标】

1. 了解游泳救生的起源与发展、游泳救生工作的意义。
2. 掌握游泳救生的定义与分类，掌握游泳救生的基本原则。
3. 了解游泳救生员国家职业资格证书制度，熟悉游泳救生员应具备的基本素质。

【章前导言】

游泳救生是一项拯溺救难、挽救生命的高尚事业。游泳救生员是在游泳场所，观察游泳者，进行安全防护，并对溺水者进行赴救和现场急救的人员。游泳救生员是国家颁布的体育行业实施国家职业资格证书制度的职业。本章对游泳救生的定义与分类及游泳救生工作的意义、基本原则进行阐述，通过学习让学员了解游泳救生员的职业规范，并掌握游泳救生的基本原则。

第一节   游泳救生的起源和发展

一、游泳救生的起源

游泳救生是人类进入文明社会以后，随着社会的发展，为满足人类在自然界活动的需要所产生并逐步形成的。地球的水面积约占71%，所以人类在生存活动中必须与水打交道。人在水中与在陆地环境中的习惯相比，身体活动的姿势、呼吸的方式、活动的动力均有所不同。人类为了生存，比如在水中用树木、竹竿、绳索等工具来自救和救助他人，于是出现了最原始、也是最简单的游泳救生方法。

二、世界游泳救生的发展

随着社会的发展和人们生活水平的提高，为了满足健身和娱乐的需要以及对水环境的开发和利用，游泳救生得到了发展。游泳救生方法也从徒手救生逐步发展到使用各种器材救生，如救生杆、救生圈、救生板、单向呼吸阀、颈托等，大大提高了救生水平。

目前，已有一百多个国家和地区成立了游泳救生组织。英国皇家救生协会建于1819年，随后美国、意大利、澳大利亚、法国、瑞典等国家也分别成立了游泳救生组织。1990年，英国举办了第一届世界游泳救生锦标赛。

1993年2月23日在比利时成立的国际救生联合会（International Life Saving，简称ILS）是由1910年成立的国际水上救生协会和1957年成立的世界救生协会合并而成的，它是游泳救生运动唯一的国际性组织，并得到世界卫生组织、国际奥委会、国际单项体育联合会总会及其他许多国际组织的承认。中国救生协会于2007年正式加入国际救生联合会。

为了促进各国和地区救生工作的推广与救生水平的提高，国际救生联合会定期举行世界锦标赛、俱乐部锦标赛及各种邀请赛，通过各项赛事活动，互相交流经验和技术，从而大力推动了救生事业的发展。国际救生联合会主要开展以下11个方面的工作，以提高救生水平，完成保护生命的目标。

（1）寻求最佳方式救助水上遇险的生命。

（2）传授救生方法并进行水上救生教育。

（3）交流水上救生经验。

（4）鼓励和支持在世界各地开办水上救生学校。

（5）与其他人道主义组织建立联系，将救生教学及活动推广到世界各地。

（6）统一救生器材、汇总符号及管理办法。

（7）广泛开展救生活动，定期组织救生比赛，激发人们对救生工作的兴趣，提升救生能力和自觉性。

（8）定期召开国际代表大会，寻求类似的人道主义组织，增进友谊，增加团结和合作的机会。

（9）对水域或沙滩的污染采取措施，避免对使用者构成威胁。

（10）参与金融交易活动，用获取的资金购买房产等不动产，或用于救生协会认为适宜的地方。

（11）采取积极的措施，开拓新的救生领域。

三、我国游泳救生的发展

（一）我国早期的游泳救生活动

据记载，江苏省镇江市是我国古代救生事业起步最早的滨江城市之一。早在南宋时期，镇江西津渡就是一个重要的长江港口，水上交通发达，溺水事故也经常发生。公元1165—1173年（宋代），有一位名为蔡洸的官员在西津渡创办了救生会，创编了"扬子江救生船歌"，购置了5条大船，每条船上挂一面旗帜，以"利、涉、大、川、吉"为标志，用以济渡救生。使用的船只均涂成红色，故又称之为"救生红船"，每条船均配备了从民间精心挑选的专门的救生人员。当时在镇江救生会的影响下，救生活动得到迅速发展，江西、安徽、湖北、四川乃至整个长江流域的重要渡口，到处都能见到红船。

到了明清时期，官方在交通要道设立了专门的救生人员，特别是针对长江上游险滩建立了一套完整的救生管理体系，因其使用的救生船只系有红色标志，故习惯称为"救生红船制"。主要实行官民共同管理制，运转经费以民间投资为主，政府也常下拨一些款项作为红船经费的补充。明清时期设置了以"救生红船制"为代表的救生机构后，减少了不少损失，挽救了许多生命。据记载，救生红船制建立后"每遇覆溺，全活其甚众"。明代救生红船有"一船五十余人尽行救活"的记录。清末甚至有"若救活之人无行李者，给予路费，捞护尸身并给棺木石碑"的规定。

（二）我国第一代游泳救生员的出现

随着八国联军侵华和《辛丑条约》的签订，我国许多大城市有了外国的租借地，租界内新建了许多供外国人和国内贵族享乐的娱乐场所（包括游泳场所）。20世纪初，我国沿海城市，如上海等地兴建了一些游泳池，随之诞生了我国第一代救生员。但是，当时的游泳场所只供外国人和国内贵族娱乐使用。

（三）新中国成立后游泳救生工作的开展

1. 加强游泳场所的管理

新中国成立后，党和政府十分重视游泳救生工作。1950年，上海市人民政府颁布了上海市第一部体育法规《上海市管理游泳池规则》，在法律上第一次规定游泳池开放必须配备救生员。随后北京、天津、浙江等地政府也先后颁布了加强游泳场所管理的规定。

2. 成立游泳救生组织、开展相关培训

1979年，上海率先成立了我国第一个水上救生组织——上海市游泳救生委员会，当时是作为市游泳协会的一个下属委员会。1991年，上海市游泳救生协会正式成立。

国家体育总局游泳运动管理中心1998年8月在上海举办了"全国第一届救生员高级考官培训班"，来自全国35个单位的56人参加了培训，同时成立了中国游泳协会救生委员会；同年11月，中国游泳协会派出中国救生考察小组赴香港进行学习和考察。1999年，中国游泳协会救生委员会编写了中国救生员培训教材，并举办了两期全国高级救生员培训班；同年10月，在福建举办了首届"全国静水救生锦标赛"和首届"全国救生裁判学习班"，培养了我国首批游泳救生裁判。2005年，中国救生协会成立。

3. 完善开展游泳救生工作的规章制度

中国救生协会成立以后，制定和完善了我国各级救生员的培训、考核制度，以及救生员注册和管理的规章制度，通过比赛，互相交流培训与管理、训练与比赛等方面的经验，使我国救生事业得到较快发展。中国救生协会积极加强与国际救生组织的交流与合作，组织有关人员赴澳大利亚救生协会进行考察和学习，使我国救生事业从协会成立之初就与国际接轨，并得到迅速发展。

4. 建立并实施游泳救生员国家职业资格认证制度

20世纪80年代以来，随着各地区游泳池数量逐年递增，救生员的需求量不断扩大，救生工作的重要性日益凸显，救生人员业务水平的提升随着形势的发展也被提上了议事日程。为此，国家体育总局职业技能鉴定指导中心适时将救生员作为一项职业，纳入人力资源和社会保障部的管理范畴。

2007年11月，游泳救生员成为当时的劳动和社会保障部正式向社会发布的新职业之一。2008年4月，国家体育总局职业技能鉴定指导中心组织申报的《游泳救生员国家职业标准》通过终审。建立游泳救生员国家职业资格认证制度，有利于游泳救生员社会地位的提高，统一了游泳救生员的考核标准，完善了游泳救生员的培训和考核机制，加速了我国游泳救生员培养制度化、规范化、专业化的发展进程。2008年5月，国家体育总局职业技能鉴定指导中心在杭州举办了我国第一批游泳救生考评员培训班。2009年5月，在上海举办了首期游泳救生员教师培训班。

2009年《全民健身条例》出台，规定"企业、个体工商户经营高危险性体育项目的，必须具有达到规定数量的取得国家职业资格证书的社会体育指导人员和救助人员"。2013年5月1日，国家体育总局、人力资源和社会保障部、原国家工商行政管理总局、原国家质量监督检验检疫总局、原国家安全生产监督管理总局联合发布公告，宣布了包含游泳在内的四个项目为第一批高危险性体育项目。2017年人力资源和社会保障部清理职业资格，公布《职业资格目录清单》，规定"将职业资格纳入国家职业资格目录，实行清单式管理，目录之外一律不得许可和认定职业资格，目录之内除准入类职业资格外一律不得与就业创业挂钩",游泳救生员是清单公布的准入类职业资格之一。

在完善游泳救生员国家职业资格认证制度的同时,国家体育总局职业技能鉴定指导中心和游泳中心还在2013年、2017年分别举办了全国体育行业游泳指导救助项目职业技能大赛和游泳救生项目职业技能大赛,参赛选手均来自游泳救生岗位第一线,产生了1名全国"五一劳动奖章"获得者、6名全国技术能手。游泳救生员国家职业资格认证制度和竞赛体系的建立与实施是对我国游泳救生事业的完善,是实现游泳救生行业人才市场有序竞争的保证,是游泳救生行业服务社会和推动和谐社会建设的必然选择。

第二节 游泳救生的定义、分类、意义和基本原则

一、游泳救生的定义和分类

游泳救生是指人们在游泳活动中发生意外事故时所采取的救助措施。游泳救生可分为"游泳池救生"和"自然水域救生"。

游泳池救生是指在人工建造的规则或不规则的游泳池、游泳馆的救生活动。

自然水域救生在国际上也称海浪救生,是指人们在江、河、湖、海等开放的水域游泳时,游泳救生员对游泳者进行安全监护、对溺水者实施救助的行为。

二、游泳救生的意义

游泳救生事业是一项拯溺救难的高尚事业,是人道主义精神和精神文明建设的具体体现。全世界的游泳救生员在拯溺救难的过程中,体现了他们舍己救人的风格,他们为拯救生命作出了不可磨灭的贡献,他们是无数个默默无闻的英雄。随着人民生活水平的不断提高,参加游泳活动的人数越来越多,游泳救生工作也越来越受到各国政府及全社会的高度重视和关注。我国游泳救生活动在各级政府的大力支持下,在各级体育主管部门的努力工作下,为确保人民的身体健康和生命财产安全作出了积极的贡献,为群众性游泳活动的蓬勃发展提供了有力的保障。

三、游泳救生的基本原则

游泳救生工作的指导思想以及实践经验和教训告诫我们,"防字当头,贯彻始终"是消除一切可能发生的事故隐患的基础和保障。在处理水上意外事故时,施救要准,在时间上要争分夺秒,做到就近、就便、就快;在施救方法上,操作要准确,要尽最大的努力挽救溺水者的生命。只有自始至终地坚持防和救相结合,才能有备无患,才能更好地为"保护人的生命和健康"作出贡献。游泳救生的基本原则是:

（1）岸上救生优于水中救生：岸上救生时，救生员处在居高临下的位置，视野宽广，利于观察和锁定目标，能更好地提高救助时的准确性和有效性，从而赢得宝贵的抢救时间。

（2）器材救生优于徒手救生：器材救生能够在保护自己的前提下，更安全、有效、快速地救助溺水者。

（3）团队救生优于个人救生：团队救生时能发挥集体的力量和智慧，在救助时间上会更快，抢救操作上会更准确有效，溺水者的生命安全会更有保障。

（4）先救有意识后救无意识：救生员面对同时发生的多起溺水事故时，应先救助有意识的溺水者，再救助无意识的溺水者。

第三节　游泳救生员职业规范

一、游泳救生员的职业性质

游泳救生员是国家颁布的体育行业实施国家职业资格证书制度的职业。游泳救生员是在游泳场所，观察游泳者，进行安全防护，并对溺水者进行赴救和现场急救的人员。游泳救生员又分为游泳池救生员和自然水域救生员。

游泳救生职业是一项拯溺救难、挽救生命的高尚事业，是坚持以人为本、努力构建和谐社会的一个重要方面，是人道主义和精神文明建设的具体体现。

 **小提示**　　　游泳救生工作的宗旨和指导思想

◎ 游泳救生工作的宗旨是"同心协力，拯溺救难"。

◎ 游泳救生工作的指导思想是"以防为主，施救要准"。"以防为主"是指在游泳救生工作中应把一切可能发生的重大游泳事故隐患消灭在萌芽状态；"施救要准"是指在发生溺水事故时，救生员从判断到操作应准确无误。只有坚持防、救结合，才能成为一名合格的游泳救生员，从而更好地为"保护人民的生命和健康"作出贡献。

二、游泳救生员的职业道德规范

（一）游泳救生员的职业道德

1. 道德

"道"是表示事物运动变化的规律或规则；"德"是表示人们认识了"道"，并

"内得于己，外施于人"。道德是调整人与人、人与社会之间关系行为规范的总和。道德就是做人的准则。

2. 职业道德

职业道德是指在现实社会生活中，各个行业和岗位上从事不同职业的人们，在其特定的工作或劳动中必须遵循的特定的道德行为准则。

3. 游泳救生员的职业道德

游泳救生员的职业道德是指游泳救生员在从事游泳救生工作过程中，应该遵循的与其职业活动相适应的行为规范。游泳救生员遵守职业道德就是要忠实履行游泳救生员的社会责任和工作任务。游泳救生员职业道德的核心是爱岗敬业。

游泳救生工作是一项风险高、要求严、责任大的特殊工作。游泳救生员在工作中必须全身心地投入，专心致志地忠于职守，全心全意地为每一位游泳者服务。因此，它的职业道德集中体现在爱岗敬业上。

游泳救生员承担着为游泳者提供安全保护以及安全的组织管理等社会责任，只有忠实履行游泳救生员的社会责任和工作任务，才会得到社会的认可和个人内心的满足，反之就会受到社会舆论和个人良心的谴责。游泳救生员的职业道德正是从社会和个体内心这两个方面来制约、调节和规范其行为的。

（二）游泳救生员的职业道德规范

游泳救生员的职业道德规范规定了从业者应该怎样对待工作、同事和游泳者，以及应该怎样解决矛盾，要求游泳救生员必须忠于职守、严守纪律、团结协作、共同完成本职工作。

1. 珍惜生命、乐于奉献

珍惜生命、乐于奉献是每个游泳救生员做好本职工作和履行其道德义务的前提，也是游泳救生员热爱本职工作、建立职业情感的基础，是我国体育事业对游泳救生员提出的客观要求，体现了游泳救生员热爱本职工作，不计较个人名利得失，以从事救生工作为乐、为荣的敬业精神。

2. 热忱服务、尽职尽责

热忱服务、尽职尽责是实现"为增强公民身心健康服务"的道德原则和工作目标，是与游泳救生员的工作态度和工作质量有着直接联系的道德要求。为保证游泳者的人身安全，必须以百倍的警惕消除一切隐患，做到以防为主，杜绝意外。擅自离岗、脱岗、迟到、早退等都是职业道德不允许的，是救生工作的大忌。

3. 钻研业务、勤于进取

钻研业务、勤于进取体现了游泳救生员刻苦学习专业理论知识、不断提高专业技术能力的敬业品德和上进精神。

4. 团结协作、互相尊重

团结协作、互相尊重是游泳救生员与游泳者之间，与其他救生员之间，以及救生员与社会有关单位和成员之间关系的重要道德规范。要求每一个游泳救生员在本职工作中要做到积极乐观、平等友善、善于交流、接受批评，争取做一名优秀的游泳救生员。

5. 遵纪守法，诚实待人

遵纪守法是指游泳救生员在开展游泳救生工作中必须严格遵守有关的工作纪律和法律法规。诚实待人是要求游泳救生员在开展游泳救生工作中要一视同仁地服务好每一个游泳者。遵纪守法、诚实待人的道德规范要求游泳救生员要严格遵守工作纪律和岗位规范，认真学习与游泳活动密切相关的法律法规，增强遵纪守法的观念和意识，提高遵纪守法的自觉性，养成遵纪守法的良好行为习惯。

三、游泳救生员的职业守则

职业守则是职业道德规范的具体化，它在职业活动中调整个人与他人、集体与社会之间的利益关系，是判断人们行为优劣、善恶的准绳。游泳救生员的职业守则是游泳救生员必须遵循的行为标准，基本内容有以下7个方面：

（1）遵纪守法、爱岗敬业。

（2）忠于职守、履职认真。

（3）操作规范、确保安全。

（4）救助及时、分秒必争。

（5）严守岗位、服从指挥。

（6）团结协作、尽职尽责。

（7）服务周到、举止文明。

四、游泳救生员的工作守则

游泳救生工作的中心是安全。为保障安全，首先要确保安全教育在前，周密防范，做到认识到位、责任到位、措施到位；其次要自觉遵守救生工作的原则，立足于防，认真细致地做好安全防范工作，力求消除一切事故隐患，做好一切应急救助的组织工作，使防和救有效地结合。游泳救生员的工作守则包括以下6个方面：

1. 热爱本职、乐于奉献

游泳救生工作是一项拯溺救难的高尚事业，是人道主义精神和精神文明的具体体现。应该以成为游泳救生员而感到骄傲和自豪。

2. 同心协力、拯溺救难

一名合格的游泳救生员必须具备同心协力、拯溺救难的观念和素质。当有人发生溺水时，游泳救生员要沉着冷静、大胆细心、齐心协力地救助溺水者，为"保护人的生命和健康"作出贡献。

3. 见"溺"勇为"五做到"

见"溺"勇为是游泳救生员的职责。人命关天、责任重大，要以最短的时间、最快的速度拯溺救难。要做到不怕脏、不怕累、不推卸、不拖延、不随意终止抢救。

4. 严守岗位"九不准"

每个游泳救生员自登上执岗台的那一刻起，就对自己责任区域内每个游泳者承担起了法律责任，就必须严格依法履行职责和义务。"九不准"是指值岗时，不使用手机、不会亲友、不兼任教练、不离岗、不串岗、不随意换岗、不吸烟、不聊天、不携带任何与值岗无关的物品。

5. 精神饱满、仪表端庄

游泳救生员的精神面貌与游泳者的安全感有直接的关系，与游泳者的身体健康和生命安全更有直接的关系。游泳救生员是游泳者生命的保护神。游泳救生员在值岗时，精神要饱满，仪容、仪表要端庄，以增强游泳者的信心和安全感。穿着统一的游泳救生员服装，对自己是一种责任和约束，对游泳者是安全的象征。

6. 遇事不乱、实事求是

游泳场所一旦发生事故，要积极地进行救助和处理。作为游泳救生员，要有正确的态度，尊重客观、相信组织、对人负责、对事负责，不随意发表个人见解。

思考题

1. 国际救生联合会的工作内容有哪些？
2. 简述新中国成立后我国游泳救生工作的开展状况。
3. 简述游泳救生员的职业性质、工作宗旨和指导思想。
4. 什么是游泳救生？游泳救生可以分为几大类？
5. 游泳救生工作的基本原则是什么？
6. 简述游泳救生员的职业道德规范。

第二章　救生游泳的基本技术

【学习目标】

1. 了解救生游泳各项基本技术用途及优缺点。
2. 掌握救生游泳的各项基本技术，并在游泳救生工作中能够熟练应用。

【章前导言】

　　救生游泳基本技术是保障游泳救生员顺利施救的基础，包括踩水、反蛙泳、侧泳、潜泳和抬头爬泳等技术。本章对救生游泳的各项基本技术从身体姿势、腿部技术、手臂技术及完整配合等几个方面进行了详细介绍与分析，并结合游泳救生的实际，分析了各项基本技术的用途及优缺点，使学员掌握救生游泳的各项基本技术，并能够在实际工作中熟练应用。

第一节   踩水技术

踩水又称"立泳"，或称"踏水"。踩水技术动作简单、方便、省力、能持久，但其缺点是移动速度慢。采用踩水技术在水中救助溺水者时，便于观察水面情况和向前、后、左、右方向移动，对在水中观察、寻找、接近、拖带溺水者的救助工作起着重要作用。

一、踩水的身体姿势

踩水时，身体直立水中，稍前倾，头露出水面。

二、踩水的腿部技术

踩水时，腿部的技术动作有两种：一种是两腿交替蹬夹水，另一种是两腿同时蹬夹水。

1. 两腿交替蹬夹水

蹬水时先屈膝，小腿和脚外翻，然后膝向里扣压，用脚掌和小腿内侧向侧下方蹬夹水。当一腿收腿时，另一腿做蹬夹水的动作，两腿交替进行。腿的蹬水路线及收回路线，基本呈椭圆形。

2. 两腿同时蹬夹水

两腿同时向下蹬夹水的动作同蛙泳时腿的动作相似，但大腿动作幅度较小，用小腿和脚内侧向侧下方蹬夹水，当两腿未完全蹬直时再次收腿，动作连贯（图2-1-1）。

图2-1-1   两腿同时蹬夹水

三、踩水的臂部技术

两臂弯曲，手和前臂在胸前做向外、向内的摸水动作，手臂动作不宜过大。向外摸水时掌心稍向外，向内摸水时掌心稍向内，手掌要有抱压水的感觉，两手摸水路线呈弧形。

四、踩水的完整配合技术

踩水时，腿和臂配合动作的比例是1∶1，一般是两腿各蹬夹一次，或两腿同时蹬夹一次，两手做一次摸水动作。采用两腿交替蹬夹水配合，通常是腿和手不停地进行；采用两腿同时蹬夹水的配合，通常是两腿做蹬夹水动作的同时，两手做向外的摸水动作。踩水时，要随着腿、臂动作的节奏自然呼吸。用踩水技术游进时，身体要略前倾，腿稍向后侧蹬水，两臂向后拨水。后退游时，动作相反，也可以采用侧向的技术，这时后腿应较为用力。

第二节　反蛙泳技术

反蛙泳又称"蛙式仰泳"，也称为"仰式蛙泳"。其动作简单，游起来既省力又能持久（图2-2-1）。在水中救助溺水者时，可衔接托枕、托颌（图2-2-2）、托双腋等多种方法进行拖带运送。反蛙泳技术在游泳救生工作中起着重要作用。

① 　　　　　　　　　　　　　　　②

图2-2-1　反蛙泳技术

图2-2-2　反蛙泳托颌技术

一、反蛙泳的身体姿势
身体仰卧水中，自然伸直，脸部露出水面。

二、反蛙泳的腿部技术

反蛙泳腿的动作类似蛙泳腿的动作。但是由于身体仰卧水中，所以收腿、蹬腿时膝关节不能露出水面。收腿时，双膝边收边分，小腿向侧下方收腿。收腿结束时，两膝稍宽于肩，脚和小腿内侧向后方对准蹬水方向，大腿发力，使小腿和脚内侧向后方做蹬夹水动作。

三、反蛙泳的臂部技术

两臂自然伸直经空中在肩前入水，然后屈臂高肘，掌心向后，手和前臂对准划水方向，用力在体侧划水。划水结束后，两臂在体侧稍停顿，使身体向前滑行，然后两臂自然放松从空中向前移臂。

四、反蛙泳的完整配合技术

反蛙泳的完整配合技术有两种。一种是手划水与腿蹬夹水（移臂与收腿）同时进行，另一种是手划水和腿蹬夹水交替进行。但无论哪一种配合，其腿、臂与呼吸的配合比例都是1：1：1，即一次蹬腿、一次划臂、一次呼吸。两臂前移的同时，"边收边分慢收腿"，两臂入水时，两腿蹬夹水。随后两臂自然并拢前伸，在身体两侧做向后划臂动作。划水结束，身体自然伸直滑行。呼吸随手臂的划水动作自然进行，两臂入水稍闭气，两臂划水时用口鼻均匀地呼气，在移臂时用力吸气。

第三节   侧泳技术

侧泳又称"侧卧泳"，动作自如省力，在水中救助溺水者时，可衔接托枕及夹胸拖带技术，便于控制溺水者进行拖带。侧泳技术分手出水侧泳技术和手不出水侧泳技术两种。下面以手出水侧泳技术为例，介绍侧泳技术。

一、侧泳的身体姿势

身体侧卧水中，稍向胸侧倾斜与水平面成10°~15°夹角（图2-3-1），头的下半部没入水中，下面的臂向前伸，上面的臂置于体侧，在游进时绕身体的纵轴转动。

图2-3-1   侧泳的身体姿势

二、侧泳的腿部技术

侧泳的腿部技术包括收腿、翻脚和蹬剪腿3个动作。

1. 收腿动作

上面腿屈髋、提膝向前收，大腿与躯干成90°左右，小腿与大腿成45°～60°。下面的腿髋关节伸展，小腿向后收，膝关节尽量弯曲，足跟靠近臀部。

2. 翻脚动作

当完成收腿动作后，上面的腿勾脚掌，脚掌向后对准蹬水方向。下面的腿将脚尖绷直，脚和小腿正面向后对准蹬水方向。

3. 蹬剪腿动作

上面的腿，以髋关节为支点发力，大腿带动小腿稍往前伸，以脚掌对准蹬水方向，由体前侧向后方加速蹬水。下面的腿，以脚面和小腿对准蹬水方向，用力稍向下、再向后伸膝剪水，与上面的腿形成蹬剪水的动作。

三、侧泳的臂部技术

两臂交替划水，一臂在空中移臂称为上面臂，另一臂在水下移臂称为下面臂。

1. 上面臂的动作

上面臂划水动作与爬泳臂划水动作相似，不同的是上面的臂前移时，上体绕身体的纵轴略有转动，这样就使两肩连线与垂直线之间的角度增大到45°～50°。这个动作能使上面臂的入水点较远，从而延长了划水路线。

2. 下面臂的动作

侧泳时下面臂的动作分为准备姿势、滑下、划水和臂前移4个阶段。

（1）准备姿势阶段：手臂前伸，掌心向下，手略高于肩。

（2）滑下阶段：当手臂滑下与水面成20°～25°时，稍勾手、屈臂，使手和前臂向后对准水，即过渡到划水阶段。

（3）划水阶段：下面臂的划水动作不是在肩下进行，而是在靠近胸侧斜下方进行，当手臂划至腹下时，划水即告结束。

（4）臂前移阶段：臂划水结束后，迅速收前臂，使手掌向上，并沿着腹胸向前移动。当手掌移至头前时，随臂向前伸直，手掌逐渐转向下方。

3. 两臂的配合技术

当下面臂开始划水时，上面臂做前移动作；上面臂开始划水时，下面臂开始做前伸动作，两臂在胸前交叉。

四、侧泳完整配合技术

1. 腿和臂配合动作

当上面臂入水后，下面臂开始前移并收腿，上面臂划到腹下开始做推水动作时，下面臂向前伸，腿用力向后做蹬剪水动作。

2. 臂和呼吸配合动作

上面臂开始划水时，逐渐呼气，臂划到腹下推水时转头吸气，移臂和入水时，头还原并闭气。

3. 腿、臂和呼吸完整配合动作

在侧泳的完整配合中，腿、臂和呼吸的配合比例是1∶1∶1，即两腿蹬剪水一次，两臂各划水一次，呼吸一次。两腿蹬剪水后，在上面臂划水结束与下面臂前伸时，应有短暂的滑行动作。

第四节　潜泳技术

潜泳是潜在水中进行游泳的一种技术，具有一定的危险性和复杂性。该技术常用于水下搜寻、救助溺水者。潜泳技术可分为潜深和潜远两种技术。

一、潜深技术

潜深技术的入水方法有两种。一种是两腿朝下潜深法，另一种是头朝下潜深法。

1. 两腿朝下潜深法

人体在水中采用两腿朝下潜深法下潜时，身体保持直立，头在上，脚朝下，两臂做自下而上的推水动作使身体下沉，在下潜过程中要时刻注意耳压。当身体下潜到水底或预定的深度后，应立即团身，将头转向所需的方向游进。

2. 头朝下潜深法

当采用头朝下潜深法下潜时，身体呈倒立姿势，头朝下，脚朝上，两臂自下而上用力划水，两腿向上做蛙泳腿的蹬水动作，以增加身体下潜速度，在下潜过程中应时刻注意耳压。当身体下潜到水底或预定的深度后，通过两臂划动、头部后仰，以及胸部和腰部后屈的动作，使身体由垂直姿势转为水平姿势。

二、潜远技术

潜远技术主要有蛙式潜泳、蛙式长划臂潜泳和爬式潜泳三种方法。

1. 蛙式潜泳方法

蛙式潜泳是在水下用蛙泳游进的一种技术。在游进中头与躯干始终保持水平姿势，为了避免身体上浮，头的位置应稍低于蛙泳头的位置，头与躯干成一直线。臂划水的幅度要比蛙泳臂划水的幅度小，收腿时屈髋较小。与蛙泳相比，滑行时间较长。

2. 蛙式长划臂潜泳方法

蛙式长划臂潜泳速度快，在水下情况较复杂的环境下，一定要小心谨慎，防止出现意外。

（1）头部和躯干姿势：头与躯干始终保持水平姿势，只是在臂划水时头稍低些，以防止身体浮起。

（2）臂部动作：两臂向前伸直，开始划臂时手掌和前臂内旋，稍勾手腕，两手向前下方做抓水动作，臂划水开始时稍慢（图2-4-1①）。然后，两臂逐渐向后、内屈臂用力划水，划水时两臂自然提肘，使手和前臂尽量与划水方向接近垂直。当手划至肩下方时，肘关节弯曲90°～100°（图2-4-1②），然后肘关节由外侧向躯干方向靠拢，大臂带动小臂向后用力推水（图2-4-1③）。推水结束时，两臂在大腿两侧伸直，手掌朝上。划水结束后，应有短暂的滑行阶段。移臂时两手外旋、屈肘，两手沿腹胸部位前伸，当手伸至颌下时，手掌开始内旋，掌心转向下方，在头部前方伸直并拢，准备做下一次动作。

（3）腿的动作：蛙式长划臂潜泳腿的动作与蛙泳时腿的动作的区别是收腿时髋关节屈得较小，双膝分开也较小，蹬水向正后方，以免身体上浮。

（4）腿和臂的配合动作：收腿与臂前伸的动作几乎同时开始。当臂前伸结束时，收腿结束，腿做用力蹬夹水动作；蹬腿结束时臂接着做划水动作，划水结束后两腿伸直并拢，做滑行动作。

图2-4-1 蛙式长划臂潜泳方法

3. 爬式潜泳方法

爬式潜泳的动作是两臂向前伸直，手掌并拢，头在两臂之间，只用双腿做爬泳打水动作向前游进。

第五节　抬头爬泳技术

抬头爬泳是头部始终露在水面上用爬泳游进的一种姿势。抬头爬泳有助于救生员在接近溺水者时准确捕捉目标。

一、抬头爬泳的身体姿势

身体俯卧水中，尽量保持水平，由于头部露出水面，因此抬头爬泳的身体姿势比爬泳身体姿势稍高，保持较好的流线型姿势（图2-5-1）；身体围绕纵轴有节奏地转动，两眼注视前方目标以保持身体平稳向前。

图2-5-1　抬头爬泳的身体姿势

二、抬头爬泳的腿部技术

两腿自然伸直，两脚稍向内扣，以增大打水面积，踝关节放松。打水时髋关节发力，以大腿带小腿做鞭状上下交替打水动作，打水幅度为30~40 cm，脚不要打出水面。打水效果取决于鞭状发力大小和踝关节的灵活性，良好的腿部动作不仅可以维持身体平衡，而且能使身体保持较高的位置和较好的流线型，与两臂划水动作紧密配合，以起到快速接近目标的作用。

三、抬头爬泳的臂部技术

手臂划水是推动身体前进的主要动力，抬头爬泳的手臂技术由入水、抱水、划水、出水和空中移臂5个环节组成。由于头部要露出水面，抬头爬泳的手臂入水点就要近些，划水路线也就短一些。手臂入水后应保持高肘动作，肘部不能下沉，臂的动作不能停顿，要保持臂划水循环动作有节奏地进行，尽快地划水和推水。由于两臂所处的位置不同，两臂配合技术有"前交叉""中交叉"和"后交叉"之分。一般采用"前交叉"配合技术游进。

四、抬头爬泳的完整配合技术

抬头爬泳腿与臂配合比例是6次打腿、2次划臂，腿与臂配合需连贯、协调，使身体保持在较高的位置，以保证整个动作配合稳定。

思考题

1. 简述踩水技术的特点。

2. 结合救生工作，简述反蛙泳技术在游泳救生工作中的应用。

3. 简述侧泳技术的特点。

4. 简述潜泳技术的分类及不同潜泳技术的特点。

5. 简述抬头爬泳技术及其在游泳救生工作中的应用。

第三章　游泳救生的观察与判断

【学习目标】

    1. 了解不同类型溺水者在发生溺水时常见的状态与表现。

    2. 熟练掌握游泳救生中观察及判断的方法。

    3. 掌握游泳场馆布置救生岗位及划分观察区域的方法。

【章前导言】

    观察与判断是游泳救生工作中最重要的环节。本章主要介绍了观察与判断的定义、方法以及具体要求，观察区域的划分，观察台的设置，游泳救生员的配备，并根据易发生溺水事故人群的状态与表现，对游泳救生活动中的观察与判断进行了总结与归纳。

第一节   游泳救生的观察

游泳救生的观察是指救生员在自己的岗位上，不间断地扫视、环视自己所负责的区域，及时发现溺水事故的隐患和溺水者，防止溺水事故的发生。观察是救生工作中最重要的一个环节，是救生工作中"以防为主"的具体体现。

一、观察的方法

（1）扫视法：在值岗时，救生员对自己责任区的左、右、远、近进行直线、不间断的观察。

（2）环视法：在值岗时，救生员对自己的责任区以某一点为起点，进行圆周、不间断的观察。

（3）跟踪法：在值岗时，救生员对自己责任区内游泳技术不佳者应进行重点跟踪观察。

二、观察的要求

1. 明确观察责任区

救生员值岗期间，应明确自己的责任区，注意力要保持高度集中，这样才能及时发现溺水事故的隐患。

2. 主次兼顾

做到重点突出（主责区）和兼顾其他（次责区），交叉观察，相互补漏，不留盲区和死角，确保游泳者的安全。

3. 不同观察区域互相结合

在观察时要掌握"池面与地岸，水中与池底，点与面"互相结合的方法。观察时，既要观察水下或池底有无溺水者，还要看清水中有无游泳技术不佳的潜在溺水者。扫视池岸时，应注意岸边有无身体不适者和无人看管的幼儿，以防他人碰撞造成滑入水中的溺水事故。当发现游泳技术不佳的游泳者时，应重点跟踪观察，同时仍需兼顾自己的观察区域。

4. 不同时段的观察

如进场时段，应偏重于观察游泳池入口处和下水池边的区域；中场时段，偏重于观察有无技术不佳的游泳者进入深水区，有无被家长安置在池边的幼儿；退场时段，应偏重于观察那些还未及时起水的游泳者。中小学专场时，应增加中、浅水区域的观察岗位。

5. 对不同人群的观察

救生员在观察时对老年人、少年儿童、孕妇、残障人士醉酒者等特殊人群应重点关注。在观察青少年游泳群体时，应注意他们是否在水中嬉戏打闹；观察经常参加游泳锻炼的游泳者，应注意他们的精神状态和身体状况是否正常；观察跳水的游泳者时，应重点注意水中是否有人被砸伤，跳水者是否受伤。

6. 交接班时的观察

游泳救生员在交接班时，接班游泳救生员眼睛应不间断地扫视自己的责任区域，并听取交班游泳救生员的情况介绍。当交接双方确认没有事故隐患之后，交班人员方可离岗。

三、对于易发生事故人群的观察

不同类型的溺水者在遇溺时的应对能力不同，在其自救、求救动作上也有所区别，这就要求救生员能够准确地观察溺水者的表现（表3-1-1）。溺水者一般都会挣扎呼救，有些动作毫无规律、又快又慌乱、表现反常；有些面部表情呆滞，有些则露出痛苦惊恐的神情。最危险的是无挣扎、呼救无声甚至完全没有求救或呼叫行为的溺水者，如未能及时救助，便会导致悲剧的发生。

表 3-1-1　不同溺水者的常见表现

观察细节	清醒者			昏迷者
	疲劳溺水者	不会游泳溺水者	受伤溺水者	昏迷溺水者
呼吸	间歇呼吸	争取呼吸	间歇呼吸	没有呼吸
手脚动作	可能挥手	两臂横伸 上下拍水 两脚垂直 踢水或打水无效	受伤肢体 失去活动能力	没有动作
身体姿态	接近水平姿势	身体垂直	身体倾斜	俯卧（水面、水中、池底）
面部表情	焦虑	恐慌	痛苦	呆滞
移动能力	缓慢	或浮或沉	原位停滞	没有移动能力

第二节　　游泳救生的判断

游泳救生的判断是指游泳救生员在值岗时，对观察的情况作出的反应。判断的正确与否，将直接关系到游泳救生员采用的救生措施是否得当。

一、判断的方法

1. 溺水者是否有意识

当在水中发现溺水者时，应首先采取看、听的方法，判断溺水者有无意识。如溺水者在水中挣扎并发出求救的喊声，则溺水者尚存意识；如溺水者在水中不能自主地支配肢体动作，并缓慢下沉或已沉入池底，则溺水者已丧失了意识。

2. 溺水者是否受伤

判断溺水者是否受伤时，分为两种情况：

（1）针对有意识的溺水者：通过倾听溺水者自述，了解其是否受伤。

（2）针对丧失意识的溺水者：通过检查溺水者的肢体，了解其受伤情况。要重点查看溺水者的颈椎、腰椎是否受伤，是否发生外伤出血或肢体骨折。

3. 溺水者的其他表现

（1）对于不会游泳溺水者的判断（表3-2-1）

表 3-2-1　对不会游泳溺水者的判断

救生前溺水者的表现	水中状态	① 可能不会用四肢寻找支撑 ② 身体在水中保持垂直，不能确定陆地和寻求帮助的方向 ③ 只关注维持呼吸 ④ 淹没在水中的时间可能越来越长
	尝试呼救	极少挥臂或呼救
	面部表情	惊慌失措，瞪大眼睛
救生中溺水者的表现	指令反应	可能对指令没有任何反应
	身体配合	① 可能试图抓住救生员 ② 身体在水中保持垂直 ③ 当头部或肩膀获得支撑而露出水面时，恐慌可能会消失
救生员赴救措施	① 如被救者不配合，只有经验非常丰富的救生员才能尝试直接赴救 ② 使用辅助救生器材	

（2）对于游泳技能较差溺水者的判断（表3-2-2）

表 3-2-2　对游泳技能较差溺水者的判断

救生前溺水者的表现	水中状态	① 能用手臂和腿寻求支撑 ② 身体倾斜于水面，头通常会朝向岸边 ③ 头部间歇地被淹没 ④ 有时能够吐出进入嘴里的水

续表

救生前溺水者的表现	尝试呼救	能挥臂和呼救
	面部表情	面部和眼睛呈现不同程度的焦虑
救生中溺水者的表现	指令反应	可以依据救生员的指示行动
	身体配合	① 当给予支撑时，能较好地配合 ② 可以采用背部漂浮技术并利用推进力运动
救生员赴救措施	① 直接赴救和池岸赴救都是适合的救助方式 ② 使用辅助救生器材	

（3）对于受伤溺水者的判断（表3-2-3）

表 3-2-3　对受伤溺水者的判断

救生前溺水者的表现	水中状态	① 可能处于不舒适的状态 ② 身体的某一部位可能受伤 ③ 因受伤导致活动受限而引起注意
	尝试呼救	痛苦呼救
	面部表情	面部呈现不同程度的痛苦和焦虑
救生中溺水者的表现	指令反应	对指令的反应差，可能更多地关注受伤部位
	身体配合	① 为了缓解疼痛而继续保持不舒适的身体姿势 ② 可以采用背部漂浮技术并利用推进力运动
救生员赴救措施	① 采取紧急救护措施 ② 被救者在水中别扭的姿势可能影响拖带 ③ 避免伤势恶化，尤其应注意疑似脊柱受伤者	

（4）对于无意识溺水者的判断（表3-2-4）

表 3-2-4　对无意识溺水者的判断

救生前溺水者的表现	水中状态	① 软绵绵地漂在水中 ② 可能只有头部可见 ③ 可能漂在水底和水面之间的任何位置，脸部可能朝上也可能朝下 ④ 没有吸引他人注意的行为 ⑤ 眼睛可能是闭着的

续表

救生前溺水者的表现	尝试呼救	无任何呼救行为
	面部表情	在接近时通常看不见
救生中溺水者的表现	指令反应	对指令没有反应
	身体配合	没有身体配合且难以拖带
救生员赴救措施	① 浮力可能会因被救者位置不同而发生变化 ② 立即直接施救并给予必要的支撑 ③ 必须采用直接拖带，利用好浮力 ④ 如果出现呼吸停止，应尽快将溺水者带出水面 ⑤ 如果没有脉搏，则应尽快采取心肺复苏措施	

二、判断的要求

（1）能够根据不同情况，作出迅速、果断、准确的判断。

（2）能够根据判断的结果，采取及时、规范的救生技术。

第三节　游泳救生观察区域的划分

游泳场所对观察区域的划分是确保游泳者安全的重要手段，同时也是使救生员在值岗期间加强责任感，便于确认事故责任的必要措施。

 **小提示**　　　　　　　　观察区域划分的原则

◎ 便于救生员观察，以及互相交叉观察和补漏。

◎ 消除观察盲区和死角。

一、标准游泳场所观察区域的划分

1. 直线切割法

直线切割法是根据各救生岗位位置观察分工的要求，用直线将全池的水域面积平均切割成几个长方形水域，作为各救生岗位的主责区。对岸救生岗位和旁近救生岗位主责区近端1/2的水域为次责区（图3-3-1）。

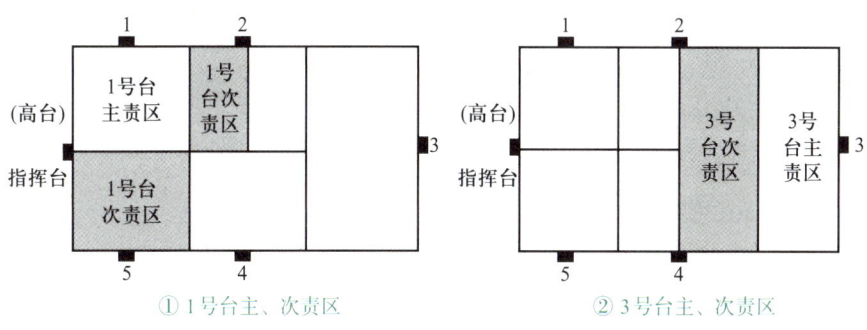

① 1号台主、次责区　　　　② 3号台主、次责区

图3-3-1　直线切割法

2. 弧形切割法

弧形切割法是以每个救生岗位为圆心，以10 m（小池）或15 m（大池）为半径切割水域，即为各救生岗位的主责区。如果将主责区的半径再延长5 m（小池）或10 m（大池）切割水域，则为各救生岗位的次责区（图3-3-2，图中单位为m）。

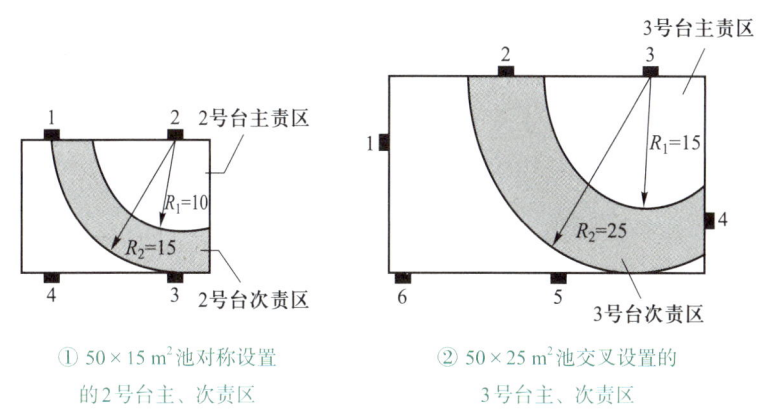

① 50×15 m² 池对称设置　　　　② 50×25 m² 池交叉设置的
　的2号主、次责区　　　　　　　3号台主、次责区

图3-3-2　弧形切割法

二、非标准游泳场所观察区域的划分

1. 按水面积划分法

按水面积划分法是以每一救生岗位所负责的主、次责任区面积的总和来划分观察区域的方法。可采用交叉布岗的方式划分观察区域，将每一救生岗位观察区域主责区的最大面积控制在250 m²之内。

2. 不留盲区和死角划分法

不留盲区和死角划分法是针对各类嬉水娱乐型游泳场所划分观察区域的方法。本着消除事故隐患的原则，可以采用直线切割、弧形切割和重点布岗以及增加流动岗位等方法来划分观察区域。

 **思考题**

1. 什么是游泳救生的观察？简述观察的具体要求。

2. 什么是游泳救生的判断？简述判断的方法。

3. 简述游泳救生判断的具体要求。

4. 简述用直线切割法划分观察区域的方法。

第四章　游泳救生的赴救技术

【学习目标】

　　1. 了解现场赴救技术的分类及各种技术使用的原则。

　　2. 掌握利用救生圈、救生杆、救生浮标、手援等常用的救生器材的间接赴救技术。

　　3. 掌握浮标救生及徒手救生（入水、接近、解脱、拖带、上岸以及人工运送）直接赴救技术。

【章前导言】

　　游泳救生赴救技术是游泳救生员对溺水者进行间接赴救或直接赴救的技术，分为利用器材救生、水中直接赴救（入水、接近、解脱、拖带、上岸、人工运送）。本章对间接和直接赴救技术中的各个环节、各种方法、各种技术进行详细分析，使学员在全面了解合理赴救技术的同时，掌握游泳救生的各种赴救技术，并能够在实际工作中熟练应用。

第一节   游泳救生的间接赴救技术

游泳救生的间接赴救是指救生员在游泳池内使用救生器材（如救生杆、救生圈、救生浮标和其他器物），对清醒的、正在挣扎的溺水者经过准确判断，在保证自身安全的前提下，优先选择的一种赴救技术。

一、救生杆的使用

救生杆是游泳池最常使用的救生器材之一（图4-1-1）。救生员在使用救生杆进行施救时，要注意不能用救生杆捅、打，以免伤及溺水者。救生杆要始终放在救生员方便取拿的位置。

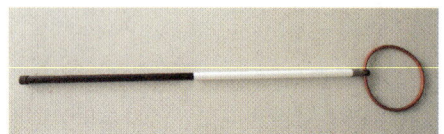

图4-1-1   救生杆

二、救生圈（球）的使用

救生圈（球）是游泳池内最常用的救生器材之一（图4-1-2）。救生员在使用救生圈（球）施救时要注意：抛掷时一定要准确到位。在抛掷带有系绳的救生圈（球）时，手一定要握紧或用脚踩住绳子的另一端，当溺水者抓住救生圈（球）后，要立即将溺水者拖至池边救起。救生圈（球）要放在离救生岗位最近的地方。对带有系绳的救生圈（球）要经常进行整理，不打死结，保证急救时能安全快捷使用。

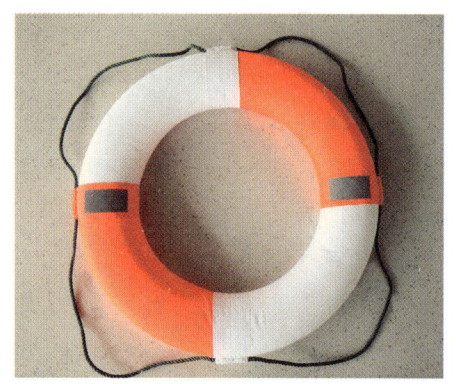

图4-1-2   救生圈

三、岸边救生浮标救生

救生浮标是国际上普遍采用的救生器材之一。它通常用泡沫材料制成，以红色为底色，末端附有手环或扣节，在施救过程中可以给救生员和溺水者安全感（图4-1-3）。

救生浮标在可顶替救生圈使用的同时，方便拖带溺水者，适用于各种溺水情况。特别用于对近岸的游泳初学者、体力不支游泳者和抽筋游泳者进行施救。溺水者距离岸边

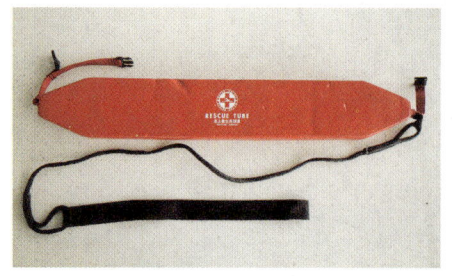

图4-1-3   救生浮标

2～3 m时，救生员一手持救生浮标的拖带，一手将浮标抛到溺水者身边，待溺水者抓住浮标后将其拉到岸边上岸。切记抛救生浮标时不要直接抛向溺水者头部，避免浮标上的扣环伤到溺水者。

四、其他救生器物的使用

在游泳池有人发生溺水时，由于情况危急，救生员要利用一切可以利用的器物施救，如长毛巾、打水板、绳子、木棍、有浮力的物品等。

第二节　游泳救生的直接赴救技术

游泳救生的直接赴救是指救生员在不能采用间接救生技术的情况下，采取的赴救技术。直接赴救包括：入水、接近、解脱、拖带、上岸、运送6项技术环节。直接赴救技术可以分为器材赴救和徒手赴救两种情况，我们在这部分中将介绍两种赴救技术：一种是以救生浮标为代表的器材赴救技术，另一种是徒手赴救技术。根据救生原则，器材救生优于徒手救生。

一、器材直接赴救技术——以救生浮标为例

救生浮标不仅是在近池岸端间接赴救时被广泛使用的救生器材，同样也是救生员深水直接赴救时广泛使用的救生器材，更是抢救深水脊柱损伤溺水者的必备器材。在施救时使用救生浮标可以起到增加浮力和保持稳定的作用。

（一）入水

如果陆上施救方法无效，救生员必须选择下水施救，救生员要根据溺水者与岸边的距离、泳池水深和现场环境选择入水方式。常用入水方式有以下几种。

1. 跨步式

救生员穿戴救生浮标的圈装背带时必须采用左肩右斜或右肩左斜的方式。将救生浮标浮体横置于胸前并经过腋下，手扶救生浮标中间下方，成"抱胸"姿势，拖绳置于浮标和胸前，身体前倾跨步式入水，入水时口鼻不得没入水中，眼睛盯住施救目标。

2. 蛙腿式

救生员穿戴救生浮标的圈装背带时必须采用左肩右斜或右肩左斜的方式。将救生浮标浮体横置于胸前并经过腋下，手扶救生浮标中间下方，成"抱胸"姿势，浮标背带置于浮标和胸前，身体前倾蛙式入水，入水时口鼻不得没入水中，眼睛盯住施救目标。（图4-2-1）

蛙腿式救生浮标赴救示范

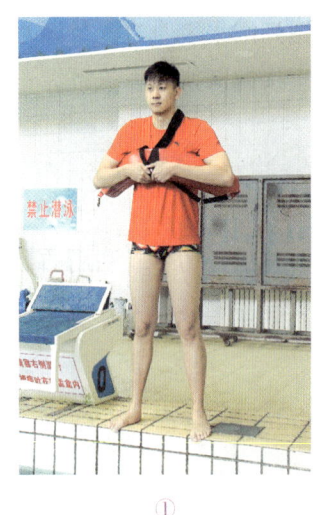  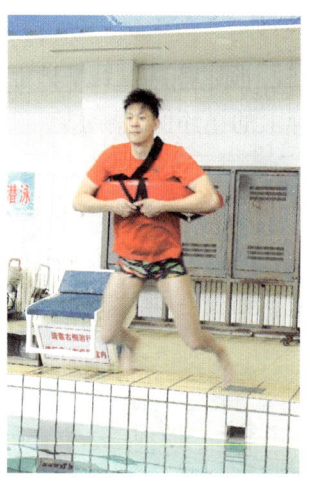

①　　　　　　　　　②　　　　　　　　　③

图4-2-1　蛙腿式入水

鱼跃式救
生浮标赴
救示范

3. 鱼跃式

救生员穿戴救生浮标的圈装背带时必须采用左肩右斜或右肩左斜的方式。手持救生浮标浮体，入水前或入水时将救生浮标浮体抛于体侧或体前侧，入水后迅速把头露出水面，眼睛寻找施救目标。（图4-2-2）

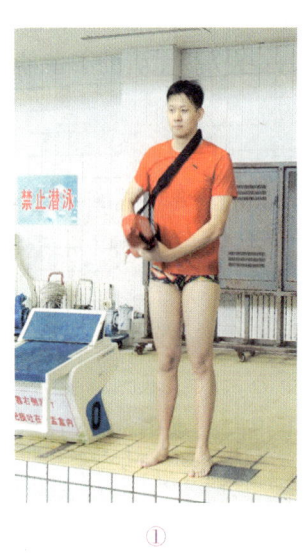 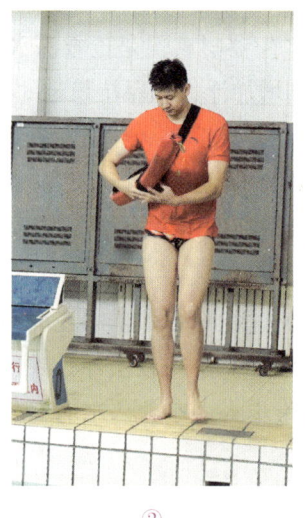 

①　　　　　　　　　②　　　　　　　　　③

图4-2-2　鱼跃式入水

（二）接近

救生员如采用蛙腿式或跨步式入水，入水后将浮标经过胸前置于腋下，采用抬头自由泳以最快的速度游向溺水者，距离溺水者2~3 m位置时急停观察，然后游到最佳施救位置。救生员如采用鱼跃式入水，入水后迅速使用抬头爬泳接近溺水者，距离溺水者2~3 m处急停，将救生浮标横置于胸前，然后游到最佳施救位置。（图4-2-3）

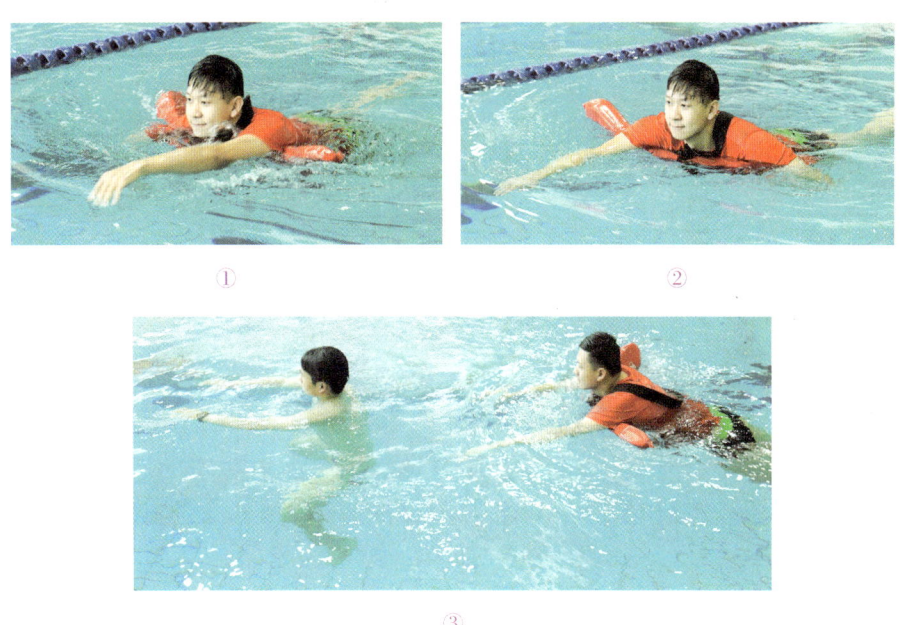

①　②　③

图4-2-3　接近

（1）接近清醒溺水者：手持救生浮标浮体系绳子一端，将浮标推向溺水者，同时用语言安抚，使其抓住浮标。

（2）接近水面昏迷溺水者：如果溺水者昏迷，救生员靠近溺水者背后，用救生浮标将溺水者托起，使溺水者口鼻朝上。

（3）接近沉底溺水者：如果溺水者沉底，救生员潜到水下，在溺水者背后一手从其腋下穿过，经过胸前至另外一边腋下，抱紧溺水者；另外一手向上抓拉救生浮标拖绳，将拖绳向下拉，利用浮标浮力向上升，把拉下的绳放置于抱紧的溺水者的手中，救生员同时可以蹬池底，直至升上水面。

（三）拖带

（1）对于清醒的溺水者，救生员可边进行语言安抚，边使用救生浮标将溺水者拖带到岸边。

（2）对于昏迷的溺水者，救生员借助浮标的浮力将溺水者拖带到岸边。拖带时救生员将救生浮标置于自己胸前并穿过腋下，双臂由溺水者背后经其腋固定溺水者，自己手肘处于溺水者腋下位置，小臂向身体方向发力，使溺水者成仰浮姿势固定，这时将救生浮标移至溺水者背部腋下位置，借助救生浮标的浮力将溺水者拖带到岸边。拖带时溺水者的头部要偏向救生员头部一边，以避免溺水者头部和救生员发生碰撞。（图4-2-4）

①

②

③

④

图4-2-4 拖带

（四）双人上岸

　　救生员在池边固定好溺水者后，先将溺水者一只手交给岸上救生员，再将溺水者另外一只手交给岸上救生员，此时岸上救生员要用交叉手方式分别接过溺水者手臂，并将溺水者转体180°，然后将溺水者提拉上岸。接下来由水中救生员发出动作口令指导岸上救生员进行操作：首先将溺水者拉至泳池边安全地方，然后救生员一手护头一手抱腿将溺水者原地旋转90°，先放腿后护头将溺水者放至仰卧位。（图4-2-5）

①

②

③

④

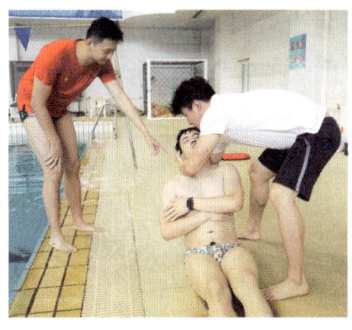
⑤

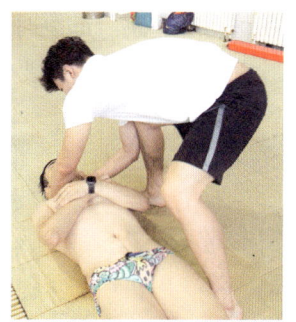
⑥

图4-2-5　双人上岸

二、徒手直接赴救技术

（一）入水技术

入水是指救生员发现溺水事故时，迅速跳入水中的一项专门技术。入水技术可分为跨步式入水、蛙腿式入水、鱼跃浅跳式入水和直立式入水等几类。救生员可根据现场的实际情况选择最适宜的入水技术。

1. 跨步式入水

救生员距离溺水者较近时可采用跨步式入水技术。目视溺水者，一脚前跨，另一脚脚趾紧扣池边，并用力蹬地，在空中两腿一前一后呈弓步型，上身含胸前倾，两臂侧举，肘部自然弯曲，掌心向前下方。入水时，两手臂向前下方抱压水，同时两脚做蹬剪水动作，形成向上的合力，使救生员的头部始终保持在水面上，眼睛始终不离赴救目标。（图4-2-6）

图4-2-6　跨步式入水

2. 蛙腿式入水

蛙腿式入水与跨步式入水的适用范围相同。目视溺水者，单腿或双腿蹬离池岸，跃起时两腿做蛙泳收腿动作，含胸收腹，两臂侧举，肘部自然弯曲，掌心向前下方。入水时，两腿向下做蛙泳蹬夹水动作。同时，两手臂向下抱压水，形成向上的合力，使救生员的头部始终保持在水面上，眼睛始终不离赴救目标。（图4-2-7）

3. 鱼跃浅跳式入水

当救生员距离溺水者较远时，可采用鱼跃浅跳式入水。可根据实际情况，选择救生台、池岸边或

图4-2-7　蛙腿式入水

在跑动中起跳。起跳时靠腿蹬离池岸，躯干同时用力伸直，两臂由下而上摆动入水。腾空时，双臂及两腿要伸直。入水要浅，头部尽快出水，锁定赴救目标。（图4-2-8）

图4-2-8   鱼跃浅跳式入水

4. 直立式入水

当救生观察台较高时，救生员明确池水有足够的深度时，可采用脚先入水的跳水技术。入水时，全身与水面保持垂直，脚先入水，一手捏鼻，一手护下腹或护胸。如身穿救生衣，则两手肘部紧压救生衣。入水后，双手及时向下压水，两脚做蹬夹水动作，力求尽快上浮捕捉施救目标。（图4-2-9）

图4-2-9   直立式入水

（二）接近技术

接近是指救生员及时靠近并有效控制溺水者的一项专门技术。接近技术可分为背面接近、侧面接近、正面接近和沉底救生技术。救生员可根据现场的实际情况选择最为适宜的接近技术。

1. 背面接近技术

背面接近是救生员接近溺水者时最常用的一种技术，是指救生员从溺水者的背面接近并对溺水者进行施救的一种接近技术。背面接近是最安全的接近方法。

救生员游至距离溺水者背面1~2 m处急停，接近溺水者时，两手从背后托腋，然后一手托腋控制溺水者，另一手从溺水者的肩部向下夹胸或双手托腋进行拖带。（图4-2-10）

2. 侧面接近技术

侧面接近技术是当溺水者尚未下沉，两手在水面上挥舞挣扎时采用的接近技术。救生员游至距离溺水者3 m处，转向溺水者侧面游进，看准并果断用同侧手抓住溺水者近侧手腕部，将溺水者拉向救生员的胸前，待有效控制住溺水者后，救生员采用夹胸或双手托腋的方法进行拖带。（图4-2-11）

图4-2-10　背面接近技术

图4-2-11　侧面接近技术

3. 正面接近技术

正面接近技术是在无法采用背面和侧面接近的情况下采用的接近技术。一般来说，正面接近技术是最危险的接近技术。救生员入水后，游至离溺水者3 m左右急停，下潜至溺水者髋部以下，双手扶溺水者髋部，将溺水者转体180°。有效控制住溺水者后，可采用夹胸或双手托腋的方法进行拖带。（图4-2-12）

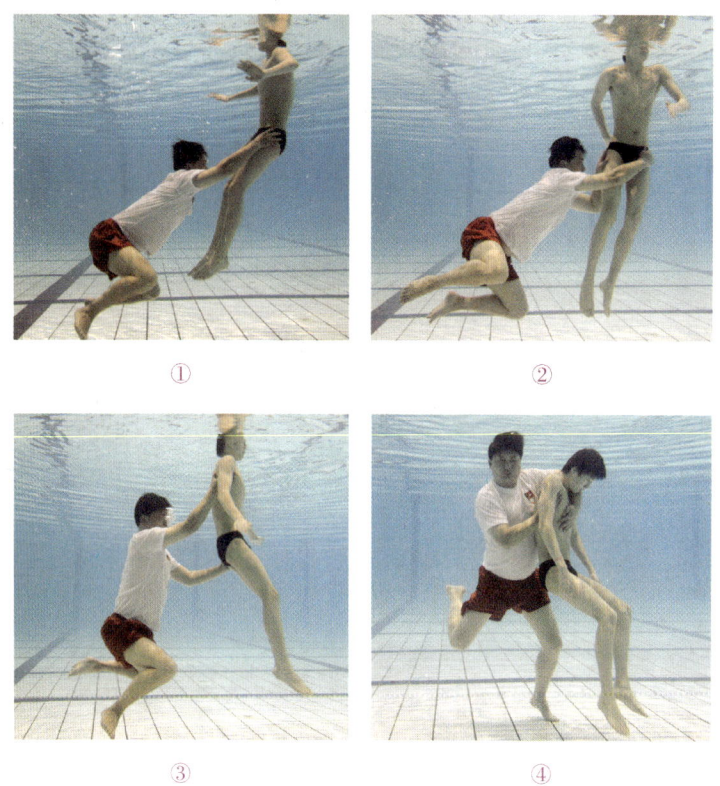

①   ②

③   ④

图4-2-12   正面接近技术

4. 沉底救生技术

　　救生员在接近时可直接下潜至溺水者身旁，双手托腋，脚蹬池底，将溺水者拖出水面。待有效控制住溺水者后，可采用夹胸或双手托腋的方法进行拖带。（图4-2-13）

①   ②

图4-2-13   沉底救生技术

小提示　　　　　　　　接近时的注意事项

◎ 接近时，应采用速度较快的抬头爬泳，以便观察溺水者。

◎ 接近时，要尽量避免与溺水者正面接触。

◎ 接近正在水中挣扎的溺水者或成功控制住有意识的溺水者后，要用语言引导溺水者保持冷静，以便救助。

◎ 托腋夹胸时，救生员手臂着力点应在溺水者的胸和腋下，不要掐住溺水者的颈部。

◎ 对无行为意识的溺水者要立刻接近并实施救助。

◎ 接近溺水者需要下潜时，在下潜之前一定要调整好呼吸，使肺内有充足的氧气，以保证自身体力。

（三）解脱技术

解脱是指救生员采取合理的技术动作及时解除溺水者的抓抱，并有效控制溺水者的一项专门技术。解脱技术主要包括手（臂）被抓、头发被抓、颈部被抱持、腰部被抱持、双腿被抱持、双人抱持等几种情况。根据溺水者抓抱救生员部位情况的不同，救生员解脱的方法也各有区别。

1. 手（臂）被抓握

救生员在施救过程中手（臂）被溺水者抓握时，可分单手（臂）被单手抓握、单手（臂）被双手抓握、双手同时被抓握、双手交叉被抓握等几种情况。针对不同的情况，分别采取转腕法、推击法等方法进行解脱。

（1）单手（臂）被单手抓握解脱法

① 转腕解脱法，适用于单手（臂）被异侧手抓握的情况。以救生员右手被抓为例：当救生员右手被溺水者的右手抓住时，救生员可先将被抓的右手上提，后做转腕外翻下压动作进行解脱，并用右手及时抓住溺水者的右手腕部向右拉出，使溺水者背部贴近救生员前胸，有效控制后实施拖带。（图4-2-14）

② 推击解脱法，适用于单手（臂）被同侧手抓握的情况。以救生员左手被抓为例：当救生员左手被溺水者的右手抓住时，救生员可用右手虎口推击溺水者的右手腕部进行解脱，推击时要迅速、有力，迫使其手松开。解脱后，立即紧握溺水者的右手腕部，并及时把溺水者的右手向救生员右侧拉出，使溺水者背部贴近救生员前胸，有效控制后实施拖带。（图4-2-15）

游泳救生员解脱技术示范

手（臂）被抓解脱法

①   ②

③   ④

图4-2-14   转腕解脱法

①   ②

③   ④

图4-2-15   推击解脱法

（2）单手（臂）被双手抓握解脱法

① 同侧手在上解脱法。以救生员右臂被抓为例：救生员的右臂被溺水者双手抓握时（溺水者左手在上，右手在下），救生员左手虎口向下，用力推击溺水者左手腕部，使溺水者松开一手，救生员紧握溺水者左手腕，上身前倾，以左臂肘部回击溺水者右手腕部，使其双手全部解脱。趁势将溺水者的左手向救生员自己的左侧拉出，使溺水者转体背部贴近救生员前胸，有效控制后实施拖带。（图4-2-16）

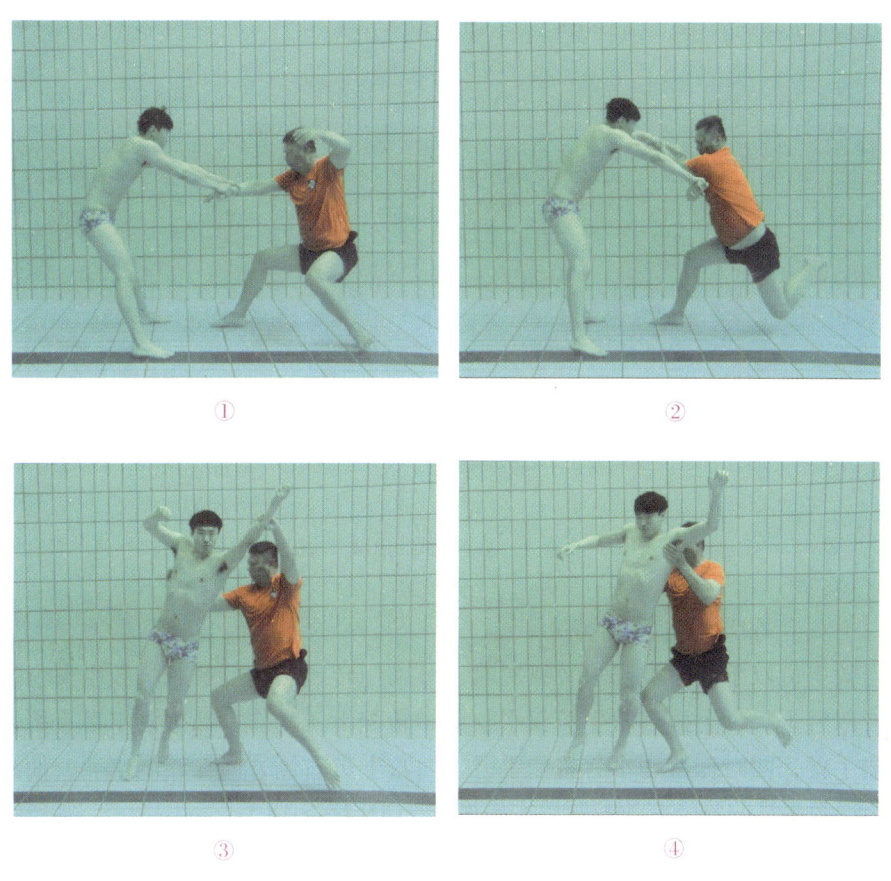

①　　　　　　　　　　　　　②

③　　　　　　　　　　　　　④

图4-2-16　同侧手在上解脱法

② 异侧手在上解脱法。以救生员右臂被抓为例：救生员的右臂被溺水者双手抓握时（溺水者右手在上，左手在下），救生员先用左手臂肘部撞击溺水者右手腕部，再用左手虎口推击溺水者左腕部，顺势将溺水者左手腕控制，并趁势将溺水者的左手向救生员自己的左侧拉出，使溺水者转体背部贴近救生员前胸，有效控制后实施拖带。（图4-2-17）

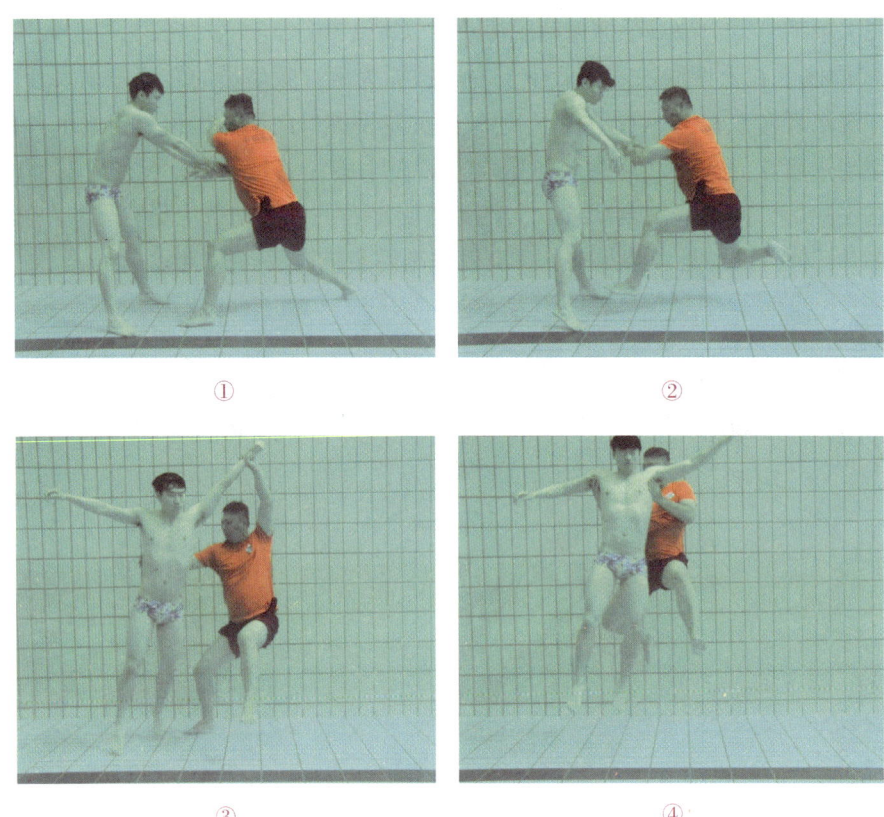

① ② ③ ④

图4-2-17 异侧手在上解脱法

（3）双手同时被抓握解脱法

当救生员双手同时被溺水者抓握时，可采用转腕法进行解脱。救生员应迅速将溺水者双臂上提，上提后救生员双手外旋做转腕下压动作，抓握溺水者手腕后，放开左侧手臂，同时抓持溺水者右侧手臂，向救生员右侧方向拉转溺水者，使溺水者背部贴近救生员前胸，有效控制后实施拖带。（图4-2-18）

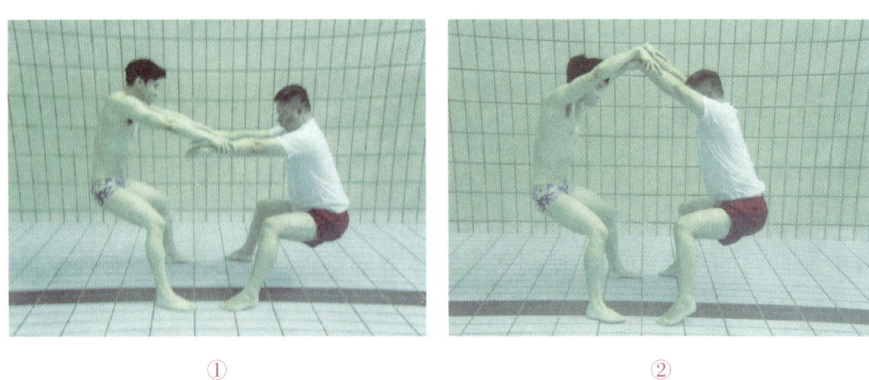

① ②

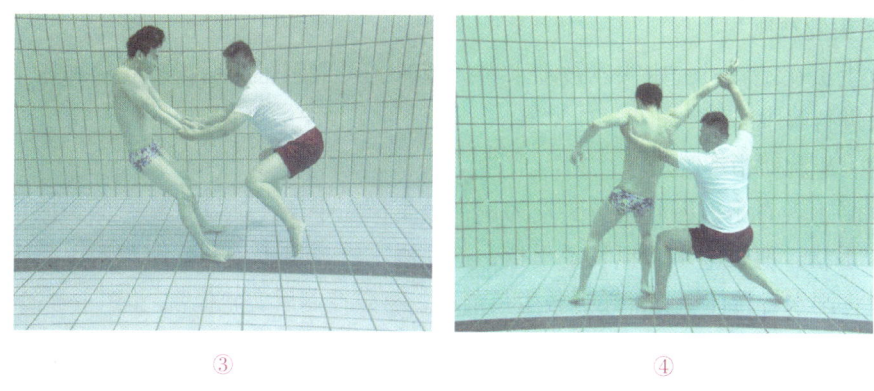

③　　　　　　　　　　　　　　　　　④

图4-2-18　双手同时被抓握解脱法

（4）双手交叉被抓握解脱法

以救生员右手在上被抓为例：救生员右手肘击溺水者左手腕，解脱自己左手，然后采用转腕的方法解脱右手，并顺势将溺水者向右侧拉出，使溺水者背部贴近救生员前胸，有效控制后实施拖带。（图4-2-19）

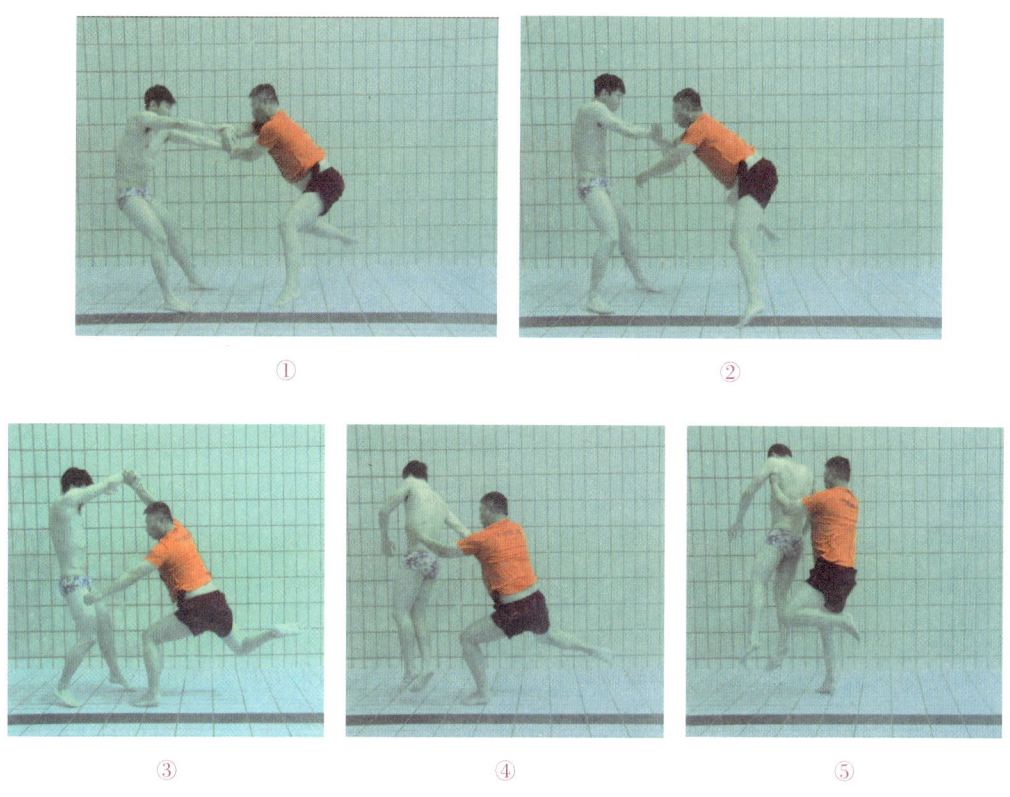

①　　　　　　　　　　　　　　　　　②

③　　　　　　　　　④　　　　　　　　　⑤

图4-2-19　交叉手被抓握解脱法

头发被抓
解脱法

2. 头发被抓

救生员在施救过程中头发被溺水者抓握时，可采用压腕掰指解脱法和压掌推肘解脱法进行解脱。

（1）压腕掰指解脱法

以溺水者右手抓握救生员头发为例：救生员左手压住抓发手腕，低头前顶，右手插入手指，掰推溺水者抓发手手指，迫使溺水者抓发手松开。解脱后，救生员右手及时将溺水者转体至背部贴近救生员前胸，有效控制后实施拖带。（图4-2-20）

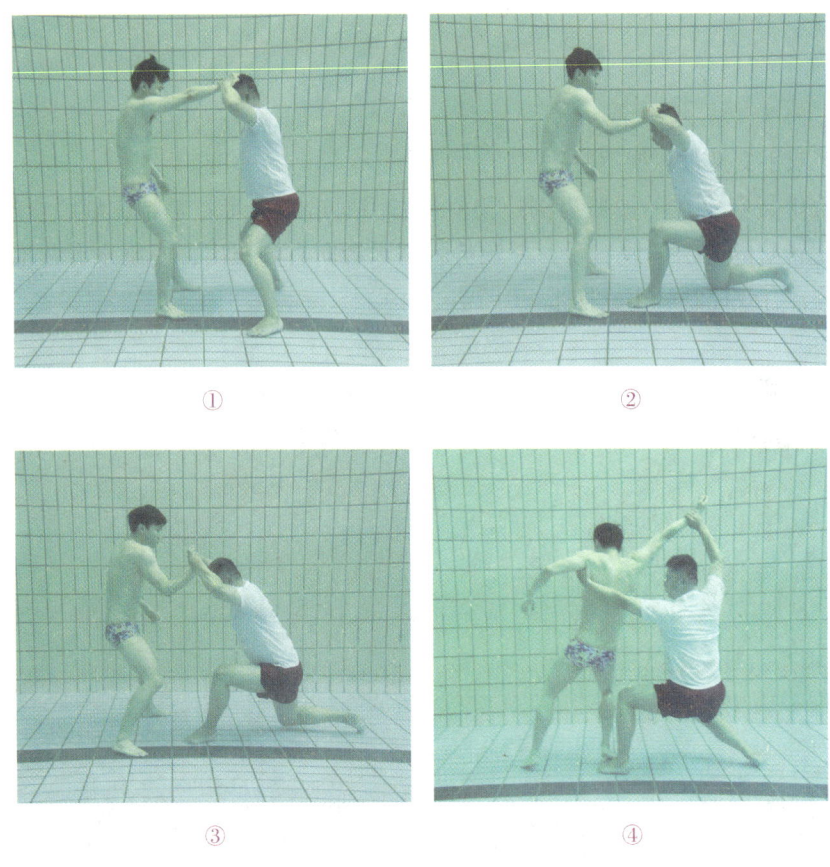

①　②

③　④

图4-2-20　压腕掰指解脱法

（2）压掌推肘解脱法

以溺水者右手抓救生员头发为例：救生员右手压住溺水者抓发手的手腕，低头前顶，左手推击溺水者肘部（做反关节动作），使其抓发手松开。解脱后，右手及时将溺水者转体至背部贴近救生员前胸，有效控制后实施拖带。（图4-2-21）

①　②

③　④

图4-2-21　压掌推肘解脱法

3. 颈部被抱持

救生员被溺水者抱住颈部时常用的解脱方法是压腕上推单肘解脱法（适用于背面被抱持）和上推双肘解脱法（适用于正面被抱持）。

（1）压腕上推单肘解脱法

当溺水者从背面抱持救生员颈部时应采用此方法。当救生员颈部被从后方抱持时，救生员应紧收下颌，防止呼吸道被卡住，同时分清溺水者哪只手在上。以溺水者左手在上为例，救生员用右手紧压溺水者的左手腕，左手上推溺水者左肘部做反关节运动，同时头部顺势右转，用左手抓紧溺水者的左手肘部，使溺水者背对救生员，有效控制后实施拖带。（图4-2-22）

（2）上推双肘解脱法

当溺水者正面抱持救生员颈部时应采用此方法。当救生员被溺水者正面抱住颈部时，救生员要及时紧收下颌，以防止呼吸道被夹住。救生员下沉，双手上推溺水者的双肘关节，同时身体迅速下蹲。将溺水者推转，右手顺势抓握住溺水者的右手臂，使溺水者背部贴近救生员前胸，有效控制后实施拖带。（图4-2-23）

颈部被抱
持解脱法

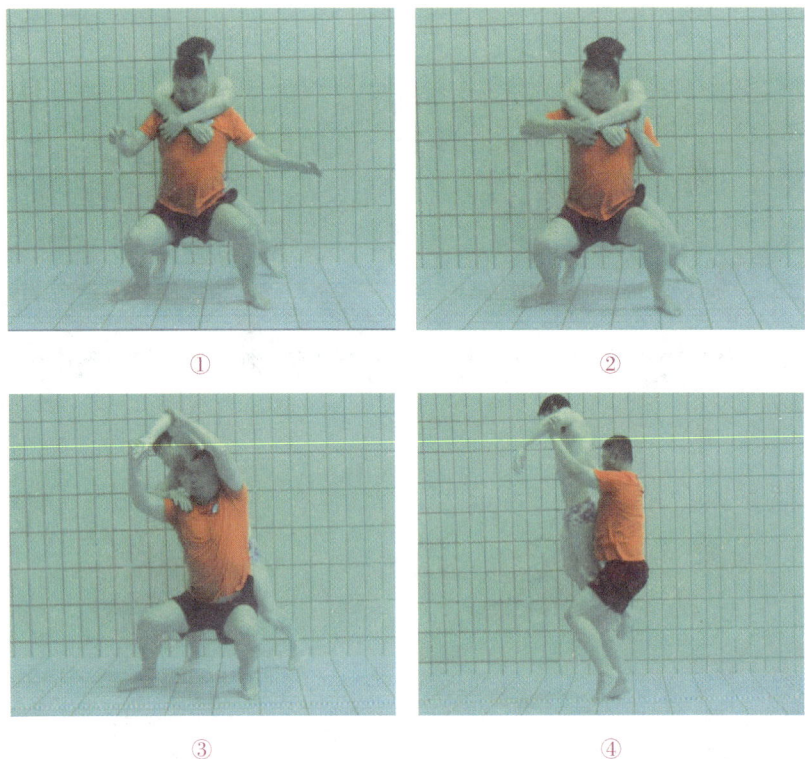

①   ②

③   ④

图4-2-22   压腕上推单肘解脱法

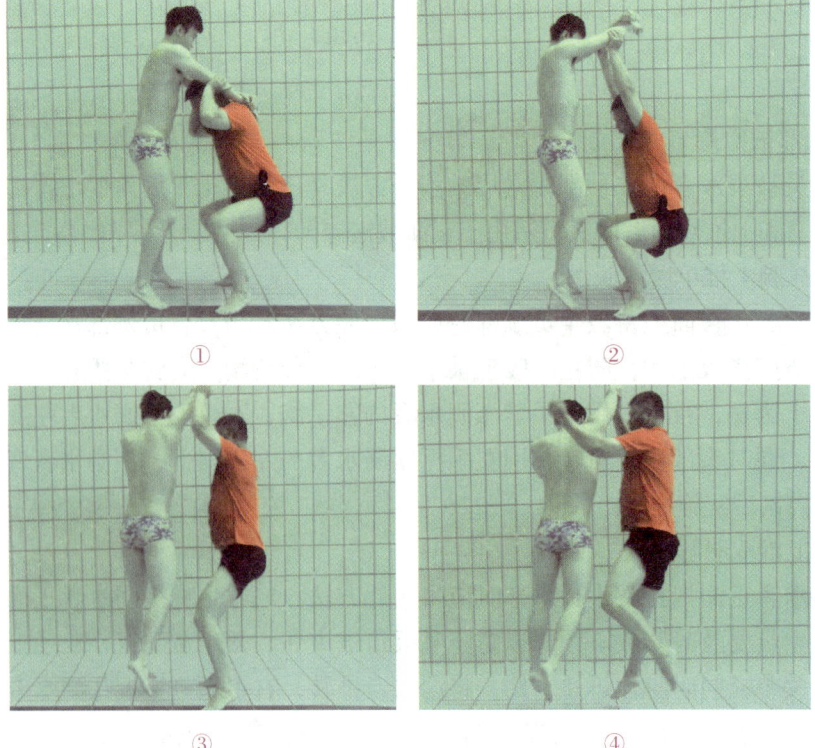

①   ②

③   ④

图4-2-23   上推双肘解脱法

4. 腰部被抱持

当救生员正面双臂肘部关节以下和躯干同时被溺水者抱持时，一般采用夹鼻推颌解脱法解脱；当救生员背面双臂肘部关节以下和躯干同时被溺水者抱持时，一般采用弓身抽手扳指法解脱。

腰部被抱持解脱法

（1）夹鼻推颌解脱法

救生员低头分清溺水者面部的朝向，弓身收腹含胸，臀部后顶，两臂内旋，抽出右侧手，用食、中指紧夹溺水者的鼻，掌心盖住溺水者的嘴，并用掌根托住溺水者的下颌，用力向前方推出，迫使溺水者头部后仰。另一手同时抱溺水者腰部，并用力向自己方向压，迫使溺水者松开双手。之后及时将溺水者转体至背部贴近救生员前胸，有效控制后实施拖带。（图4-2-24）

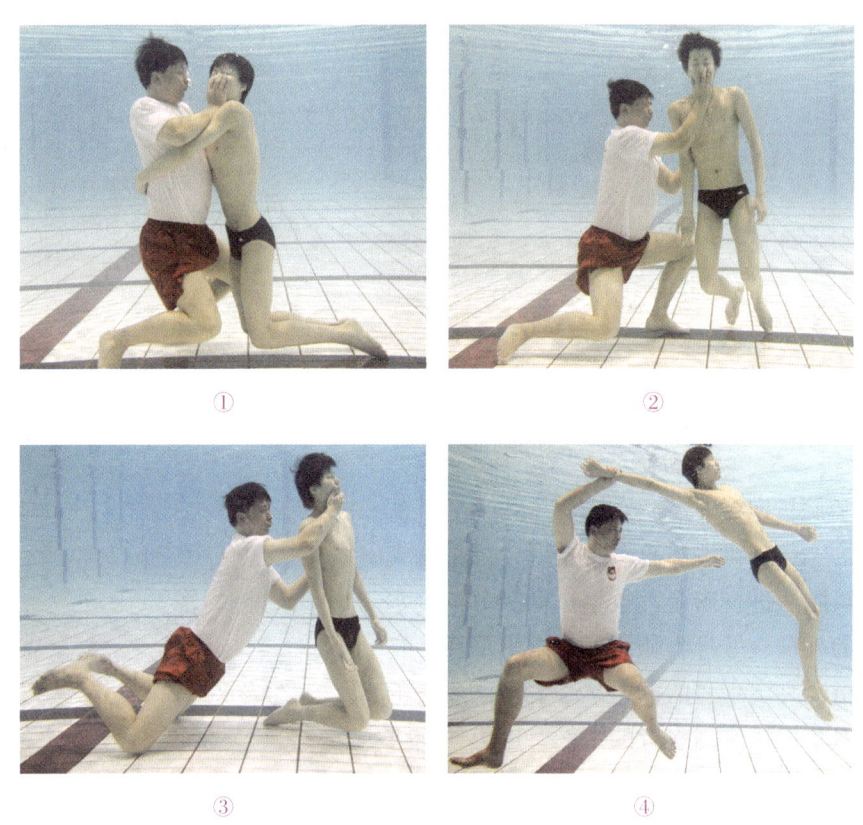

① ②

③ ④

图4-2-24 夹鼻推颌解脱法

（2）弓身抽手扳指解脱法

救生员低头分清溺水者哪只手在上（以溺水者右手在上为例），然后弓身收腹含胸，臀部后顶，两臂内旋，抽出右手压住溺水者上侧手，再抽出左手压住溺水者另一只手的手背。先扳开溺水者右侧手掌的手指，使之松开后用力向外展开，然后再掰开溺水者左手手指，松开后用力向外展开，使两臂呈上举。救生员下蹲，放开溺

水者一只手，撤移至其背后，使溺水者背部贴近救生员前胸，有效控制后实施拖带。（图4-2-25）

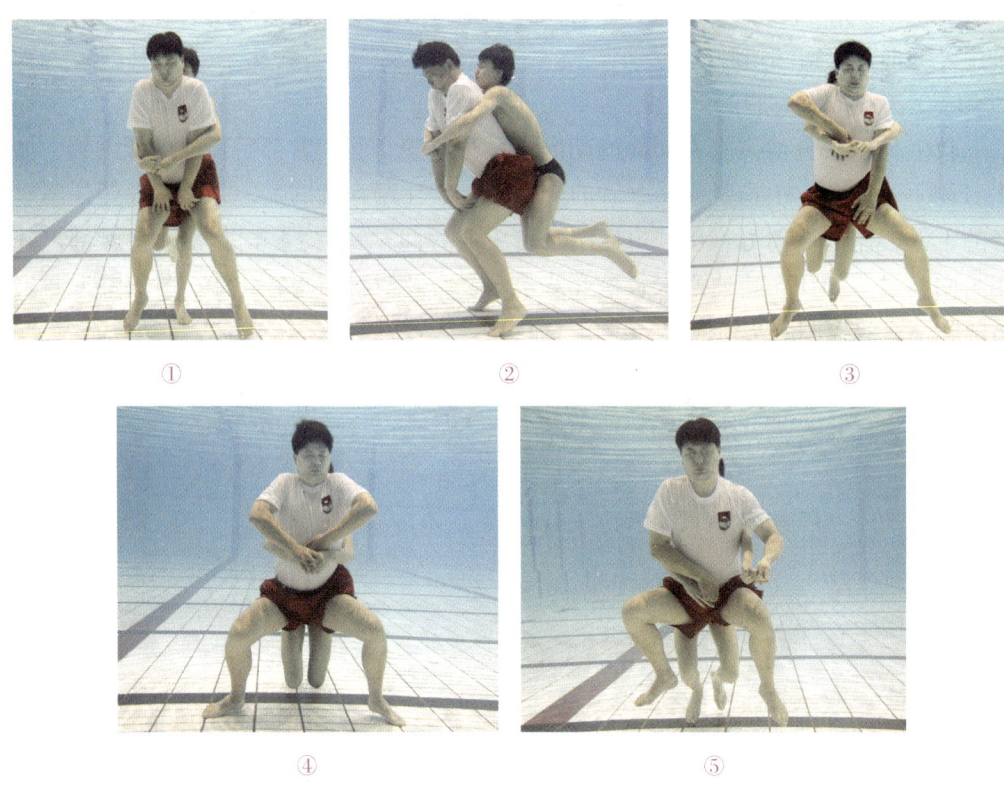

①　②　③

④　⑤

图4-2-25　弓身抽手扳指解脱法

5. 双腿被抱持

当救生员双腿被溺水者抱持时，可采用夹鼻推颌解脱法进行解脱。救生员低头分清溺水者脸部的朝向，弓身收腿含胸，臀部后顶，食指和中指紧夹溺水者的鼻，掌心盖住溺水者的嘴，并用掌根托住溺水者的下颌，用力向前方推出，迫使溺水者头部后仰。另一手紧抱溺水者头颈部，并用力向自己方向压，迫使溺水者松开双手。之后及时将溺水者转体至背部贴近救生员前胸，有效控制后实施拖带。（图4-2-26）

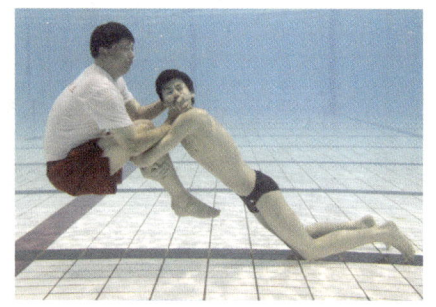

图4-2-26　双腿被溺水者抱持解脱法

6. 双人抱持解脱法

双人抱持解脱可采用夹胸蹬离解脱法和托腋蹬离解脱法。

（1）夹胸蹬离解脱法

在解脱前，救生员需认清抱持的两个人中，谁是溺水者。救生员手由溺水者肩上，经前胸插入溺水者另一侧腋下或夹胸，同时一脚紧贴被抱持人胸部，用柔力蹬离，以免被抱持人受伤。当二人的肩部松离时，再提起一脚（与夹胸手同侧）紧贴被抱持人胸部，将被抱持人蹬离解脱。

（2）托腋蹬离解脱法

在解脱前，救生员需认清抱持的两个人中谁是溺水者。救生员双手插入溺水者的两腋下，提起一脚紧贴被抱持人胸部，用柔力将被抱持人蹬离解脱。（图4-2-27）

①

②

③

图4-2-27　托腋蹬离解脱法

✎ **小提示**　　　　　　**解脱时的注意事项**

◎ 当被抓、抱持后，救生员应保持冷静，切勿在还未搞清自己是怎样被抱持时，就匆忙做解脱动作。

◎ 解脱动作应迅速、有效，用力适当，以免伤害溺水者。

◎ 解脱后，应及时、有效地控制溺水者，以便拖带。

◎ 在进行双人解脱时，应先确认谁是溺水者，再进行解脱。

（四）拖带技术

拖带技术是指救生员在水中采用侧泳、反蛙泳等各种不同的游泳技术，将溺水者拖带到池边的一种技术。

1. 托腋拖带技术

托腋拖带技术是较常用的一种拖带技术，比较省力，易于控制溺水者。救生员双手托在溺水者的双腋下，用反蛙泳技术进行拖带。（图4-2-28）

2. 夹胸拖带技术

夹胸拖带技术较适用于身材高大的救生员拖带矮小的溺水者。以右臂拖带为例：救生员右臂由溺水者的右肩上越过，右上臂和肘紧贴溺水者胸部，右腋紧贴溺水者右肩，右手托于溺水者的左腋下，并以此为拖带的用力点。在运送过程中，救生员可用右髋顶住溺水者的腰背部，使溺水者保持水平位置，便于拖带。救生员可以根据自己的技术特长，采用蛙泳腿或侧泳腿技术游进。（图4-2-29）

图4-2-28 托腋拖带技术

图4-2-29 夹胸拖带技术

3. 托枕拖带技术

托枕拖带技术不适用于疑似颈部受伤的溺水者。救生员用左（右）手托住溺水者的后脑（枕部），用力握住枕部两侧，采用侧泳或反蛙泳游进。（图4-2-30）

4. 托颌拖带技术

救生员双手托住溺水者的下颌骨两侧，使溺水者的口鼻始终保持在水面上，用反蛙泳技术游进。（图4-2-31）

5. 双人拖带技术

两名救生员用靠近溺水者一侧的手臂拖在溺水者的腋下，用侧泳技术游进。（图4-2-32）

图4-2-30 托枕拖带技术

图4-2-31 托颌拖带技术

图4-2-32 双人拖带技术

小提示　　　　　拖带时的注意事项

◎ 拖带过程中，要始终保持溺水者口鼻露出水面。
◎ 运用夹胸拖带和双手托颌拖带技术时，注意不要压迫溺水者的颈部。
◎ 拖带时要控制好溺水者，不能脱手。
◎ 要选择最短的距离上岸。

（五）上岸技术

上岸是指救生员将溺水者从水中送上池岸的一种救助技术。由于泳池的建筑结构和溺水者的受伤情况不同，上岸的技术也各有区别。根据救生原则，团队救生优于个人救生，因此双人上岸技术优于单人上岸技术。

1. 双人上岸技术

（1）救生员将溺水者拖带至池边后，以夹胸的右手将溺水者的左手臂移交给在池岸上的救生员，岸上救生员用左手反握溺水者的左手腕部。

（2）水中的救生员握住溺水者的右手前臂上举，岸上救生员用右手抓握住，并使溺水者背对池岸。

（3）岸上救生员将溺水者向上预提，稍往下放利用水的浮力再用力上提，此时水中救生员可协助上托，后由水中救生员发出动作口令指导岸上救生员进行如下操作：首先将溺水者后拉至泳池边安全处，然后救生员一手护头一手抱腿将溺水者原地旋转90°，随后先放腿后护头将溺水者放至仰卧位。（图4-2-33）

①　　　　　　　　　　　　　②

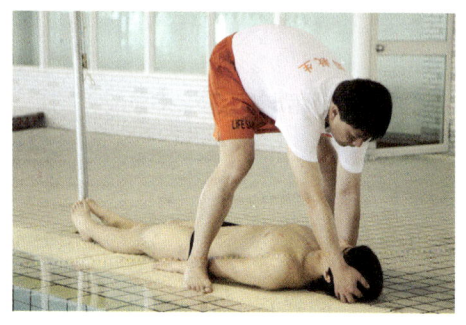

③

图4-2-33　双人上岸技术

2. 单人上岸技术

在游泳池的深水区，将溺水者拖带至池边时，可以采用单人上岸技术。下面以左手到边上岸为例进行说明。

（1）将溺水者拖带至池边，先用左手抓池边定位，再将溺水者移至池边（图4-2-34①）。

（2）用右手将溺水者左手压在池边。然后左手移压在溺水者的左手背上，腾出右手（图4-2-34②）。

（3）用右手抓住溺水者的右手，移至与溺水者的左手重叠，并用右手将溺水者的双手紧压在池边，左手抓攀池边，在溺水者的左侧上岸。（图4-2-34③）。

（4）上岸时，右手不能离开溺水者重叠的双手，上岸后，救生员顺势右转呈面对溺水者。然后用左手紧抓溺水者左腕，右手抓握溺水者右腕（图4-2-34④）。

（5）紧抓溺水者手腕稍上提，使溺水者转体180°背对池边（图4-2-34⑤）。

（6）双脚开立，双手先将溺水者向上预提一下（利用水的浮力），然后用力将溺水者上提，使其臀部高于池面后，移至池岸边（图4-2-34⑥）。

（7）右手挽住溺水者双膝，防止其倒下，脱出左手移至溺水者颈背部或腋下保护溺水者（图4-2-34⑦）。

（8）用右手将溺水者的双腿在原地旋转90°，随后先放腿后护头让溺水者呈仰卧姿势（图4-2-34⑧）。

图4-2-34 单人上岸技术

（六）运送技术

运送是指救生员将溺水者送至现场急救室或邻近医院的一项专门技术。运送主要采用以下几种技术。

1. 肩背运送技术

（1）半蹲在溺水者身体左侧，右手臂托溺水者颈背部，将其上身扶起（图4-2-35①）。

（2）右脚插入溺水者两腿之间，面对溺水者。左手从溺水者右腋下穿至溺水者背后，右手从溺水者左腋下穿过至溺水者背后，与左手手指交叉锁紧，双臂夹住溺水者（图4-2-35②）。

（3）两臂用力将溺水者托起，左脚后退一小步成右弓步，将溺水者抱"坐"于右大腿上（图4-2-35③）。

（4）右臂在溺水者的背部用力，使其贴靠在自己胸前，腾出左手紧握溺水者的右手腕；然后头部由其右腋下钻过，以颈部将溺水者挂靠保护，腾出右手（图4-2-35④）。

（5）降低重心以右手插入溺水者两腿间，向上搂抱，左手顺势左拉，使溺水者俯卧在救生员的肩背上（图4-2-35⑤）。

（6）用右手将溺水者右腿紧夹在右胸前，右手紧抓其右上臂，左手扶撑自己的左膝，用力站直。然后，左手后上举，保护溺水者的头部，防止在运送过程中与障碍物、墙边等发生碰撞（图4-2-35⑥）。

①

②

③

④

⑤

⑥

图4-2-35　肩背运送技术

 小提示　　　　　肩背运送时的注意事项

　　肩背运送时，如有其他救生员在旁接应配合，则一人按肩背技术操作，另一人在"上托坐腿""抄裆上肩""肩背直立"时予以帮助和配合。

　　2. 放下技术

　　（1）第一种方法

　　① 救生员左手仍紧抓溺水者的右臂，将其挂靠在颈背部保护好；抽出右手，插入溺水者的左腋下，至背后紧抱保护（图4-2-36①）。

　　② 救生员头部从溺水者的右腋下抽出，左手从其右腋下插至后背与右手手指交叉锁紧，双臂夹抱溺水者（图4-2-36②）。

　　③ 左脚上前一步，双臂托住溺水者，缓慢放下，使溺水者"坐"于地面（图4-2-36③）。

　　④ 抽出左手，放在溺水者颈后托扶头部；将溺水者缓缓放平躺在地面或急救板上（图4-2-36④）。

　　（2）第二种方法

　　①② 同第一种方法。

　　③ 救生员双手手指交叉锁紧，双臂夹抱溺水者，向左转体90°，重心移到左腿。

　　④ 将溺水者缓缓放平，右手仍护住其后背，左手抽出保护溺水者颈部。

　　⑤ 使溺水者平躺在地面或急救板上。

①   ②

③   ④

图4-2-36   放下技术

3. 其他运送技术

利用担架、木板等工具也可运送溺水者。

思考题

1. 间接赴救有哪些方法?

2. 直接赴救包括哪些技术?

3. 简述入水的定义、分类及不同方法的使用特点。

4. 简述接近的定义、分类及应注意的有关问题。

5. 简述解脱时应注意的问题。

第五章 游泳救生的现场急救

【学习目标】

    1. 了解心肺复苏的概念、目的。

    2. 掌握心肺复苏的操作方法和流程。

    3. 了解自动体外除颤器应用目的，掌握使用方法。

    4. 了解各类急症的概念、症状，掌握处理方法。

【章前导言】

    心搏骤停是指心脏在正常或无重大病变的情况下，受到严重打击引起的心脏有效收缩和泵血功能突然终止。心搏骤停导致循环中断，引起全身缺氧缺血。呼吸骤停是指各种原因导致的呼吸停止，继而心脏停搏。心肺复苏是针对心跳、呼吸骤停者所采取的紧急抢救措施。即用胸外心脏按压或其他方法恢复心脏自主搏动和血液循环，用人工呼吸代替自主呼吸并恢复自主呼吸，达到苏醒和挽救生命的目的。心肺复苏的最终目的是脑功能的恢复。

    针对心跳、呼吸骤停的溺水者所采取的最基础的生命支持即现场心肺复苏，它是挽救生命的重要阶段，内容包括现场胸外按压、开放气道、人工通气等各种处置和复苏过程的多种辅助措施。

第一节   溺水概述

一、发生溺水的原因和过程

发生溺水事故的原因诸多，主要为：① 游泳者自身的状况较差；② 开放游泳场所管理存在缺陷；③ 救生员的漏看。若能加强社会安全宣传教育，提高游泳者自我防范意识，完善游泳场所管理制度，增强救生员职业道德教育与技术培训，则可以避免或减少溺水事故的发生。然而，由于种种原因的存在，还是时常发生意外溺水事故。从图5-1-1中可以看到一般溺水的过程。

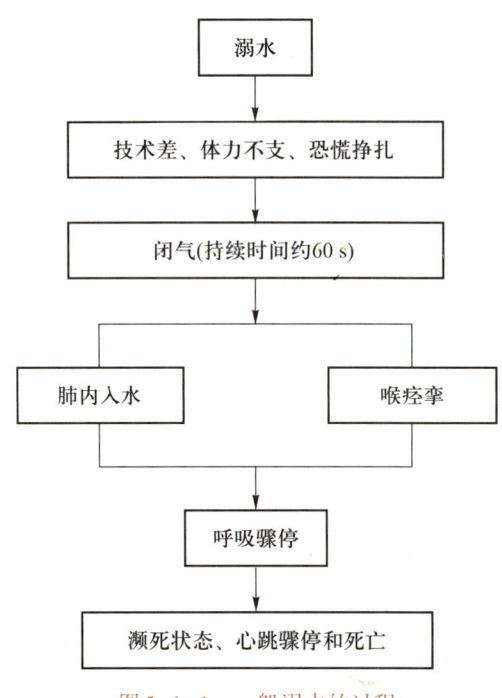

图5-1-1   一般溺水的过程

✎ **小提示**   溺水与低氧血症

溺水者会本能地挣扎求助，呼救时可能发生误吸，溺水会刺激人体过度通气，溺水者会主动闭气，同时会有不同程度的喉痉挛，这一系列的改变会导致低氧血症。低氧血症及其产生的酸中毒可能会导致心搏骤停和中枢神经系统缺血，甚至会导致溺水者死亡。

二、溺水后的生理变化和临床表现

（一）溺水后的生理变化

溺水实质上是一种特殊的急性呼吸功能衰竭。溺水者被淹溺后因过度紧张而屏气，造成喉、气管痉挛，发生窒息、缺氧；屏气到一定程度又开始主动呼吸，大量水涌入口、鼻中，使肺丧失通气功能，加剧缺氧、二氧化碳潴留和酸中毒。这一系列的病理、生理改变会导致低氧血症（表5-1-1）。

表 5-1-1　溺水后人体的生理变化

溺水时间	症状
几秒钟	感到头晕、恶心
10～20 s	昏厥或抽搐
30～45 s	昏迷、瞳孔散大
60 s	呼吸停止、大小便失禁
4～6 min	脑细胞开始发生不可逆转的损伤
10 min	脑细胞死亡

因此，为了挽救生命，避免脑细胞的死亡，就要求救生员对心搏骤停的溺水者立即进行现场心肺复苏。复苏的成功不仅表现在使溺水者心跳、呼吸恢复，更重要的是避免溺水者大脑正常功能受到损害。

小提示

　　缺氧的时间和程度是决定溺水者愈后状况的重要因素，避免低氧血症的发生是救治的重点。

（二）溺水后的临床表现

根据溺水情况（如溺水时间的长短、吸入液体的多少）以及临床表现，可将溺水分为轻度、中度和重度（表5-1-2）。

表 5-1-2　溺　水　分　级

程度	时间 /min	临床表现
轻度	<1	神志清醒，仅有血压升高、心率增快
中度	1～2	神志模糊，呼吸浅慢、不规则，血压下降，心率减慢，反射减弱

续表

程度	时间/min	临床表现
重度	3~4	面部肿胀、青紫，双眼充血，口、鼻、气管内充满血性泡沫，肢体冰冷，烦躁不安伴抽搐，两肺有弥漫性湿性啰音，心音弱或心律不齐

大脑是人体耗氧最多的组织，对缺氧最为敏感。脑组织的重量虽然只占人体重的2%，其血流量却占心输出量的15%，而耗氧量则占全身耗氧量的20%。

（三）溺水者心搏骤停的临床表现

（1）溺水者意识丧失，呼之不应。

（2）呼吸停止或仅有濒死呼吸。

（3）大动脉搏动消失，心音消失。

（4）瞳孔散大、固定。

（5）皮肤苍白或紫绀。

> ✎ **小提示**　　　　**现场急救的目的、原则和要求**
>
> ◎ 现场急救的目的：现场急救是整个施救过程中重要的措施之一。现场急救的目的是抢救生命，提高生存率；减轻病痛，防止病情恶化，降低伤残率。
>
> ◎ 现场急救的原则：①使溺水者尽快脱离水域；②先复苏后固定；③先止血后包扎；④先重伤后轻伤，先救命后救伤；⑤先救治后运送；⑥急救与呼救并重；⑦加强途中监护与救治。
>
> ◎ 现场急救的要求：首先，游泳场所应建立一整套对溺水者进行现场急救的施救预案，有组织地开展现场急救工作。施救人员应分工明确，措施得当，方法正确，一旦出现险情要保证施救工作有序展开。其次，要由游泳场所的法人代表选定临近的医疗机构（二级以上综合性医院）挂靠，并事先要熟悉最佳运送线路、联系人和联系电话。

第二节　溺水者的心肺复苏

一、心肺复苏概述

（一）维持人体供氧的三大元素

（1）气道通畅。保证氧气能进入肺内。

（2）呼吸正常。通过呼吸，氧气才可以进入肺内，再通过肺部进入血液。

（3）血液循环正常。通过血液循环，才可将氧气带到身体各个部分。

氧气是维持生命所不可缺少的，人体细胞需要氧气来产生生命所需要的能量。只有具备以上三个条件，才可保证氧气被输送到身体各个部分。

（二）心搏骤停与呼吸骤停

心搏骤停（Cardiac Arrest，简称CA）是指心脏在正常或无重大病变的情况下，受到严重打击引起的心脏有效收缩和泵血功能突然停止。心搏骤停导致循环中断，引起全身缺氧缺血。

呼吸骤停是指各种原因导致的呼吸停止，继而心脏停搏。常见原因包括卒中、溺水、窒息、失血、药物过量等。

（三）心肺复苏概念

心肺复苏（Cardio Pulmonary Resuscitation，简称CPR）是针对心跳、呼吸骤停的患者所采取的紧急抢救措施。即用胸外心脏按压或其他方法形成暂时的人工循环，恢复心脏自主搏动和血液循环，用人工呼吸代替自主呼吸并恢复自主呼吸，达到苏醒和挽救生命的目的。

（四）心肺复苏过程

完整的心肺复苏过程可分为三个阶段，分别为基础生命支持阶段、高级生命支持阶段和后续生命支持阶段。

1. 基础生命支持阶段

溺水后4 min内的初始处理阶段为基础生命支持阶段，包括开放气道、人工呼吸、建立循环3个步骤，以维持有效的呼吸和循环，为尽快转送到医疗单位进行后继抢救创造条件。初始处理阶段在心肺复苏中占重要地位，是心肺复苏成功的关键。

2. 高级生命支持阶段

高级生命支持阶段为心搏骤停后5~10 min的第二个处理阶段，此阶段一般在医疗单位进行，包括建立静脉输液通路、药物治疗、电除颤、气管插管、机械呼吸等一系列维持和监测心肺功能的措施。

3. 后续生命支持阶段

后续生命支持阶段也称后期生命维持阶段，是继第二个处理阶段之后的、以脑复苏为重点的心肺脑复苏工作。应在继续维持心肺功能的基础上尽快实现脑复苏。

🖋 小提示

通常所说的心肺复苏指的是现场心肺复苏，是针对心跳、呼吸骤停的溺水者所采取的最基础的生命支持，属于基础生命支持阶段。现场心肺复苏技术主要为徒手操作，在许多场合下是唯一实用的有效方法。

二、心肺复苏技术

心肺复苏
实操示范

心肺复苏是挽救溺水者生命的最初抢救，如果不及时或方法错误，将导致整个救生行动的失败。因此，救生员在游泳池发现溺水者时，应该首先判断溺水的严重程度，并采取合理的评估和处置措施。心肺复苏步骤：判断意识→打开气道→人工呼吸→胸外按压。

（一）判断溺水者的意识和呼吸

1. 判断溺水者意识并求救

拍打溺水者双侧肩膀同时大声呼唤，观察其有无反应，判断溺水者意识是否丧失（图5-2-1）。注意拍打肩部时不可用力过猛，以防加重其可能的骨折等症状。同时呼救，请求周围人员帮忙拨打急救电话120，启动应急反应系统并拿急救器材（如自动体外除颤器）到现场。

2. 判断溺水者是否有呼吸或濒死呼吸（图5-2-2）

如果溺水者丧失意识，应观察溺水者胸腹部是否有起伏，用时5~10秒。

无呼吸：溺水者5~10秒内无胸腹部起伏。

濒死呼吸：呼吸频率很慢，每分钟6次以下，呼吸时张嘴并伴有下颌移动的呼气样呼吸。

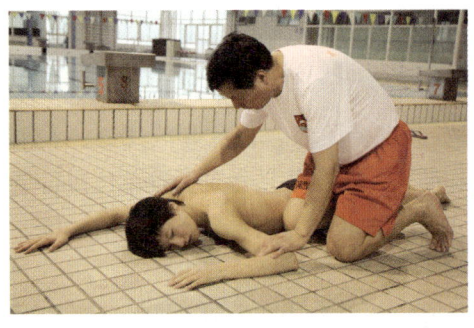

图5-2-1 判断有无意识

图5-2-2 判断有无呼吸

3. 摆放溺水者身体呈急救体位

将溺水者放置为仰卧位，且头部不能垫高，双手置于躯干两侧。

（二）打开溺水者的气道

1. 清理口腔异物

清理溺水者误吸入呼吸道内的异物（如泥沙等）或呕吐物。

呕吐是心肺复苏过程中一个较为特殊的问题。在打开气道以前，首先应该清理呼吸道内的异物，包括口腔内的分泌物、血液或者呕吐物等，最好使用吸引器予以吸除，如现场无此设备，则采用手指清除法。

采用手指清除法时可将溺水者头部后仰，利用毛巾、指套或纱布保护好手指，再抠出口腔内的异物。

2. 开放气道

呼吸道又称气道，开放气道是有效人工呼吸的必要保障。溺水者处于无意识状态时，舌肌和会厌后坠以及呼吸道中的异物可能会阻塞气道，须尽快打开气道。

（1）仰头抬颌法：救生员一手置于溺水者前额，手掌用力向后压，使溺水者头部后仰，其呼吸道即可有不同程度的伸展，梗阻也可能会得到减轻。然后用另一只手的食指和中指向上抬起溺水者的下颌。这样可以使其已经后坠而抵达咽后壁的舌根与会厌软骨远离咽后壁，从而解除上呼吸道梗阻（图5-2-3）。若怀疑溺水者有颈部创伤，则禁止使用这种方法。切忌手指压迫颌骨下的软组织并使头部过度后仰。

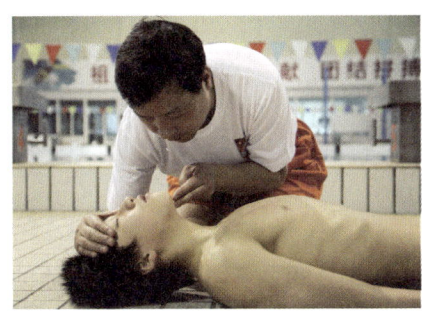 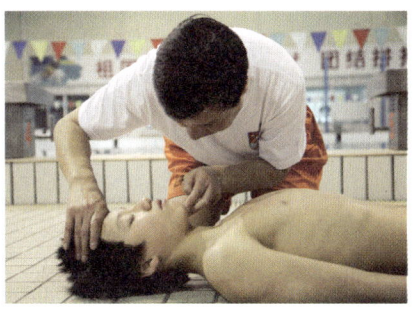

① ②

图5-2-3　仰头抬颌法

（2）推举下颌法：救生员以双肘支撑，双手置于溺水者头部两侧，拇指置于溺水者口角或下唇部，其余手指紧握其下颌角部位。然后双手抬举，使溺水者下颌向上移位（图5-2-4）。对于已经明确或者怀疑溺水者有颈部创伤的情况，此方法是最安全、最简单的。

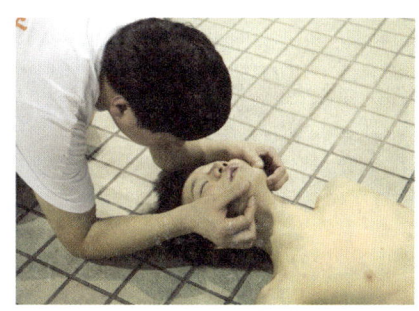

图5-2-4　推举下颌法

 小提示　　　　开放气道注意事项

◎ 保持气道开放位置。

◎ 检查意识、呼吸时间为5~10秒。

◎ 有呼吸且无脊椎损伤时，注意保持气道畅通。

◎ 无呼吸或呼吸异常时，应当立即实施人工通气。

◎ 有部分溺水者因呼吸道不通畅而发生窒息，以致呼吸、心跳停止。往往可在呼吸道畅通后，恢复呼吸和心跳。

（三）人工呼吸

在确定溺水者无呼吸后，应立即进行呼吸支持。人工呼吸的常用方法有：口对口、口对口鼻、口对鼻、口对器械（如简易面罩）、球囊－面罩、气管插管以及其他开放气道技术等。

在基础生命支持阶段的心肺复苏中，救生员可以根据自身与溺水者的具体情况，以及现场的具体条件选择使用下列几种人工呼吸方法。

1. 口对面罩人工呼吸

使用时将面罩置于溺水者面部，救生员用双手拇指与食指围绕面罩边缘向面部方向施压以形成完整的密闭空间，其余手指下压前额、推举下颌角使其头部后仰（对疑有颈椎损伤的溺水者禁止仰头伸颈）以开放气道。救生员吸气后，口含面罩嘴向溺水者吹气2次，每次吹气持续1秒钟，同时观察溺水者胸廓起伏（图5-2-5）。

使用面罩时，应选择适合溺水者面部大小的型号，面罩要能扣紧面部，同时罩住口鼻。使用时还要密切观察溺水者是否有胃的反流物。

2. 球囊－面罩人工呼吸

球囊－面罩由一个手动充气球囊及通气面罩组成，两者由一个不可逆流的单向阀门连接，有的还附加有氧气接头以提高吹入气体的含氧浓度（图5-2-6）。使用方法是一只手的拇指与食指环绕面罩扣住溺水者口鼻，其余三个手指抬起溺水者下颌角，另一只手捏充气球囊向溺水者吹气。

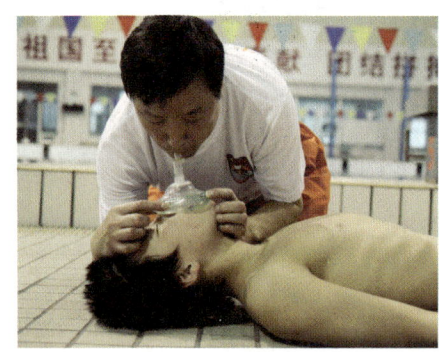
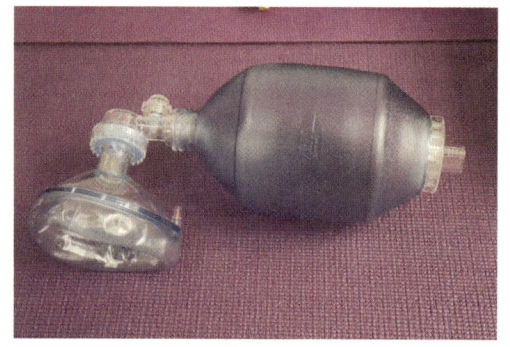

图5-2-5　口对面罩人工呼吸　　　　　　图5-2-6　球囊－面罩人工呼吸

3. 口对口人工呼吸

首先应保持溺水者的呼吸道通畅开放，以拇指与食指捏住溺水者鼻翼而封闭其鼻腔，以免吹入气体从此溢出。然后救生员吸气后，用自己的口唇包住并紧贴溺水者口唇，向溺水者口内平稳地吹气，吹气时要确保溺水者胸廓隆起（图5-2-7）。每一次吹气后救生员与溺水者的口唇分离，并松开捏住鼻子的手指，使气体呼出。

4. 口对鼻人工呼吸

口对鼻人工呼吸主要用于不能经溺水者的口部进行通气的情况，如溺水者的口不能张开（牙关紧闭）、口部严重受损或救生员的口部不能完全紧密地包住溺水者的口唇等。操作时，一手按于溺水者前额，使其头部后仰，另一手抬起溺水者的下颌，并使其口唇闭紧。救生员吸气后，用嘴封罩住溺水者的鼻部吹气，吹气后救生员口部离开溺水者鼻子，让呼气自动排出（图5-2-8）。

图5-2-7 口对口人工呼吸

图5-2-8 口对鼻人工呼吸

小提示

人工呼吸注意事项

◎ 做口对口呼吸前，应先尽量清除呼吸道内异物。

◎ 每次吹气时观察胸廓起伏，吹气的量不要过大，范围在500~600 ml为宜，避免过度通气。

◎ 胸外按压30次后，吹气2次，即按压与吹气次数以30∶2的比例循序进行。

◎ 有脉搏无呼吸时，每6~8秒吹气一次。

◎ 有传染病者、服毒药者、口部严重受损者不宜直接做口对口人工呼吸，可用单向呼吸阀或专用面罩进行人工呼吸。

◎ 所有人工呼吸方式，如第一次未见胸廓起伏，则应重新调整气道，再次实施人工呼吸，要确保胸廓起伏。如仍未见成功，应立即进行胸外按压，确保按压中断时间小于10秒钟。

（四）胸外按压

如确定溺水者无意识，无呼吸，应立即开始胸外按压。

1. 按压部位

方法一：将一只手的手掌根置于溺水者胸骨下半部（两乳头连线中点与身体中线交汇处），避免将手掌根放在胸骨的末端，将另一只手的手掌根置于第一只手上，手指相扣。选定正确的按压部位要迅速。

方法二：将远离溺水者头部的一只手四指并拢，虎口紧贴于溺水者不靠近救生员一侧的腋窝下，此时掌根部与溺水者身体中线垂直交汇处为按压部位。

2. 按压方式

双手掌根重叠，十指相扣翘起，双臂伸直夹紧，上肢与溺水者水平面垂直，以髋关节为轴，用上半身力量垂直向下按压（图5-2-9）。按压时要注意：

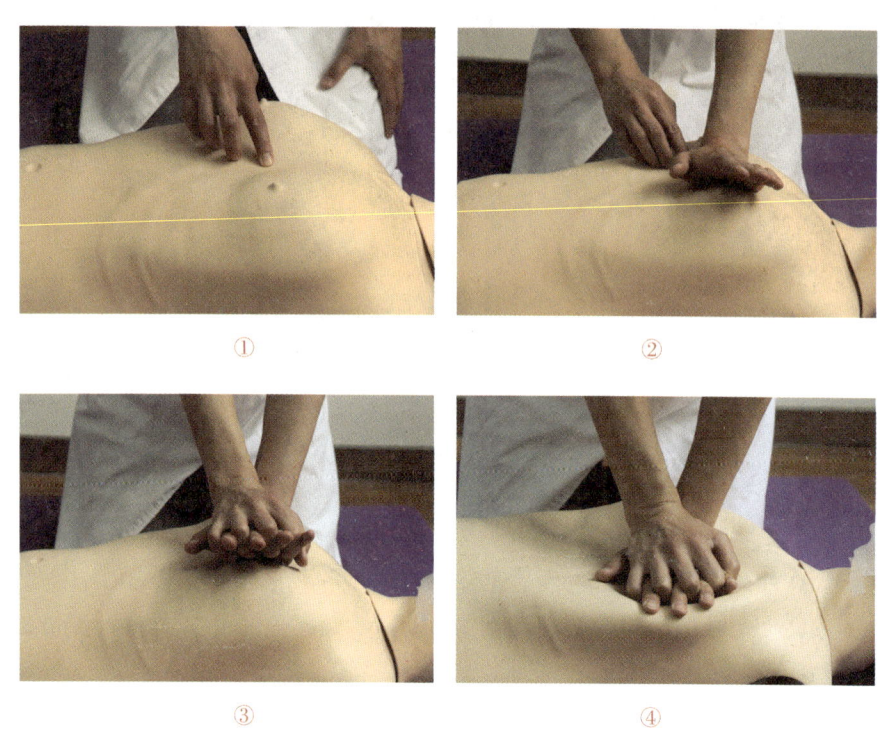

图5-2-9   心肺复苏胸外按压

（1）用力压：成人溺水者按压深度至少5 cm，但不超过6 cm。

（2）快速压：按压频率每分钟至少100次，但不超过120次。

（3）少中断：尽量减少按压中断时间，中断按压时间应在10秒以内。

（4）要回弹：确保每次按压后胸部完全回弹，救生员不得倚靠在溺水者胸壁上。

（5）免过度：避免过度通气，成人每次人工呼吸量为500～600 ml，通气时间1秒，通气后可见胸部起伏。

（6）勤交换：救生员正确操作一段时间后会很疲劳，为保证高质量的胸外按压，在有其他人协助时应每5组或每2分钟交换一次按压人员。如感到疲劳可提前更换。

3. 注意按压与人工呼吸的配合

胸外按压与人工呼吸次数的比例为30：2，即胸外按压30次，人工呼吸2次，交替进行。

 **小提示**

胸外按压注意事项

◎ 按压时手指不要压在胸壁上，否则容易引起按压位置偏移造成肋骨或肋软骨交界处骨折。

◎ 按压定位要准确。向下错位易使剑突受压折断而致肝破裂，向两侧错位易致肋骨或肋软骨交界处骨折，导致气胸、血胸。

◎ 按压时肘部不能弯曲，否则会导致用力不垂直，减弱按压力量，使按压深度达不到 5 cm。

◎ 向下垂直用力，不要左右摆动，不能冲击式地猛压，避免骨折。

◎ 放松时定位的手掌根部不要离开胸骨定位点，但应尽量放松，使胸骨不受任何压力。

◎ 按压与向上放松的时间应相等。如放松时未能使胸部完全回弹，会使胸部仍承受压力，使血液难以回到心脏。

◎ 按压速度不自主地加快或减慢会影响按压效果。

◎ 溺水者应水平仰卧于硬质平面上，以保证按压胸骨时身体不会移动。

三、心肺复苏的有效指标

心肺复苏的有效标志是，可触摸到大动脉开始搏动，出现脑复苏的征象，复苏有效时也可见瞳孔由大变小。而在急救中救生员判断复苏是否有效，可以根据溺水者的意识进行判断。当复苏有效时，可见溺水者恢复自主呼吸或有眼球活动，睫毛反射与对光反射出现，甚至手脚开始抽动，肌张力增加，面部皮肤由紫绀转为红润，手足温度略有回升。

四、终止心肺复苏的条件

一旦确认溺水者发生心搏骤停，在现场抢救时心肺复苏必须持续进行，不能简单地作出停止复苏的决定。心肺复苏的终止条件有以下几种：

（1）恢复自主呼吸和心跳，或者出现肢体活动等复苏有效的指标。

（2）医务人员到达现场，继续实施高质量的心肺复苏工作。

（3）现场环境不安全，威胁到救生员的生命安全。

在将溺水者用救护车运送去医院途中，也必须坚持持续不断地进行心肺复苏，并保证心肺复苏的质量。

五、心肺复苏操作步骤

针对成人、青少年、儿童以及婴儿的心肺复苏操作有所差异，分别介绍如下。

（一）成人、青少年心肺复苏

1. 适用人群

适用于8岁以上溺水者。如不能确定是成人还是儿童，可将其视为成人救治。

2. 成人心肺复苏操作步骤

（1）确保现场环境安全。救生员将溺水者施救上岸后首先环顾四周，将溺水者放置于安全环境。

（2）确定溺水者是否有反应，轻拍双肩，大声呼唤。如无反应再继续下一步操作。

（3）呼救求助。请他人拨打急救电话120，启动应急反应系统并拿来自动体外除颤器（Automated External Defibrillator，以下简称AED）等急救器材。

（4）将溺水者放置为仰卧位，检查呼吸，用5~10秒观察溺水者胸廓有无起伏。

（5）如无呼吸或仅有濒死呼吸，应立即开放气道，交替实施2次人工呼吸、30次胸外按压。

（6）如有自动体外除颤器，开机后按照语音提示操作，注意确保分析心律与放电时无人接触溺水者。

（7）如有其他救援人员在场，胸外按压人员应每2分钟轮换一次，以确保按压质量，直到专业人员到达现场。

 **小提示**

成人、青少年人工呼吸注意事项

◎ 用仰头提颌法开放气道。

◎ 口对口或口对面罩吹气2次，每次吹气时间持续1秒。

◎ 确保每次吹气可见胸廓隆起。

成人、青少年胸外按压注意事项

◎ 双手十指相扣，掌根重叠，贴腕翘指放置于溺水者胸骨下半段。

◎ 以每分钟100~120次的速度垂直按压30次，深度至少5 cm，但不超过6 cm。

◎ 每次按压要保证胸廓充分回弹。

（二）幼儿、儿童心肺复苏

1. 适用人群

适用于1~8岁幼儿、儿童。

2. 幼儿、儿童心肺复苏操作步骤

（1）确保现场环境安全。救生员将溺水幼儿、儿童施救上岸后首先环顾四周，将其放置于安全环境。

（2）确定溺水幼儿、儿童是否有反应，拍打双肩，大声呼唤。如无反应再继续下一步操作。

（3）呼救求助。请他人拨打急救电话120，启动应急反应系统并拿来急救器材。

（4）将溺水者放置为仰卧位，检查呼吸，用5~10秒观察溺水者胸廓有无起伏。

（5）如无呼吸或仅有濒死呼吸，应立即开放气道，交替实施2次人工呼吸、30次胸外按压。

（6）如有AED，开机后按照语音提示操作，注意确保分析心律与放电时无人接触溺水者。尽量使用儿童电极片或者有儿童开关的AED，如没有儿童电极片时也可使用成人电极片，但要防止电极片间互相接触。

（7）如有其他救援人员在场，胸外按压人员应每2分钟轮换一次，以确保按压质量，直到专业人员到达现场。

 小提示

幼儿、儿童胸外按压注意事项

◎ 单手手掌根放置于溺水者胸骨下半段或根据其体形使用双掌。

◎ 以每分钟100~120次的速度垂直按压30次，深度为幼儿、儿童身体厚度的1/3或大约5 cm。

◎ 每次按压要保证胸廓充分回弹。

（三）婴儿心肺复苏

1. 适用人群

适用于1岁以内婴儿（新生儿除外）。

2. 婴儿心肺复苏操作步骤

（1）确保现场环境安全。救生员将婴儿施救上岸后首先环顾四周，将其放置于安全环境。

（2）确定婴儿是否有反应，拍打足底，大声呼唤。如无反应再继续下一步操作。

（3）将婴儿放置为仰卧位，检查呼吸，用5~10秒观察其胸廓有无起伏。

（4）如无呼吸或仅有濒死呼吸，应立即开放气道，交替实施2次人工呼吸，30次胸外按压。

（5）请他人拨打急救电话120并拿来急救器材，或抱着婴儿前去拨打急救电话，途中不要间断心肺复苏。

（6）有AED，开机后按照语音提示操作，确保分析心律与放电时无人接触婴儿。尽量使用儿童电极片或者有儿童开关的自动除颤器，如没有儿童电极片时也可使用成人电极片，但要防止电极片间互相接触。

（7）如有其他救援人员在场，胸外按压人员应每2分钟轮换一次，以确保按压质量，直到专业人员到达现场。

✎ **小提示**　　　婴儿心肺复苏注意事项

◎ 用仰头提颌法开放气道，注意要使婴儿面部保持水平，头部后仰角度不宜过大。

◎ 口对口、口对口鼻或口对面罩吹气2次，每次吹气时间持续1秒。

◎ 确保每次吹气可见胸廓隆起。

◎ 单人复苏：一手的2根手指并拢，置于婴儿两乳头连线中点下方，垂直按压30次。

◎ 双人复苏：按压人员双手环抱婴儿，2拇指放于婴儿两乳头连线中点下方按压15次。

◎ 以每分钟100~120次的速度按压，深度为婴儿身体厚度的1/3或大约4 cm。

◎ 每次按压要保证胸廓充分回弹。

六、早期除颤

早期除颤对于恢复心跳至关重要，大多数突发非创伤性心搏骤停时，心脏会发生心室纤颤（简称室颤），这是一种完全没有规律的心室的电流活动，导致心肌活动紊乱，心脏无法泵血。而治疗室颤的唯一有效方法是电除颤。室颤后电击除颤每延迟1分钟，其存活率下降7%~10%，因此对于室颤溺水者应立即实施电除颤。为达此目标，可在场馆设置自动体外除颤器（AED）（图5-2-10）。如果能在心搏骤停发生后立即实施心肺复苏，并及早使用AED，就有最大的机会挽救溺水者的生命。

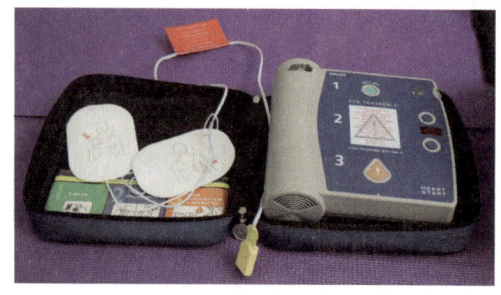

图5-2-10　自动体外除颤器

（一）AED操作步骤

（1）开启AED。按下电源开关或打开AED盖子（有些AED打开盖子自动开机），依据语音提示操作。

AED实操
示范

（2）贴电极片。在溺水者胸部紧密地贴上电极片，两块电极片分别贴在右胸上部和左胸左乳头外侧（具体位置可以参考AED机壳上的图样和电极片上的图片说明），也有使用一体化电极片的AED。

（3）将电极片插头插入AED主机插孔。

（4）AED电源连通后会自动分析心律，在此过程中请不要接触溺水者，因为即使是轻微的触动都有可能干扰AED的分析。

（5）分析完毕后，AED将会发出是否进行除颤的建议：当有除颤指征时会出现语音提示"需要除颤—开始充电"，此时不要触碰溺水者，同时告诉附近的其他人不要接触溺水者身体，当语音提示"除颤，按下黄色按钮"时，由操作者按下"除颤"键；除颤完成后，救生员继续心肺复苏，约2分钟后AED再次分析心律，再按照语音提示进行操作。如此按照"心肺复苏—分析心率—除颤"这几个步骤重复操作，直至急救人员到来。

（6）若AED分析心律后提示"不需要除颤，请继续心肺复苏"时，救生员应立即进行心肺复苏，直到AED下一次分析心律，再按照语音提示进行操作。

（二）AED使用注意事项

（1）AED到达现场后应立即使用。

（2）应在没有水的区域使用AED，避免将溺水者和AED浸在水中使用。

（3）贴电极片前需用毛巾擦干溺水者胸前的水。

（4）如果溺水者有胸毛，可用剃刀刮除胸毛或用电极片粘除，避免接触不良。

（5）分析心律和进行除颤前一定让周围人不要触碰溺水者和AED。

（6）除颤后立即进行心肺复苏，直到AED再次分析心律。

七、心肺复苏小结

（1）快速识别。通过快速识别做出迅速评估，积极开展抢救，防止溺水者因呼吸或循环停止造成心肺脑功能损伤。

（2）维持气道通畅。

（3）呼吸支持及胸外按压。对呼吸停止的溺水者应迅速进行呼吸支持，对心脏骤停者应使用胸外按压方法形成暂时的人工循环，直至溺水者恢复心脏自主搏动。

为方便记忆，可采用英文单词的第一个字母组成ABC或ABCD复苏程序，其中A指开放气道，B指呼吸支持，C指胸外按压，D指电击除颤。

小提示

对成人、青少年、幼儿、儿童、婴儿进行心肺复苏时，操作稍有不同（表5-2-1）。

表5-2-1   成人、青少年、幼儿、儿童、婴儿心肺复苏对照表

操作	成人、青少年	幼儿、儿童	婴儿
检查反应	拍双肩大声呼叫		拍足底大声呼叫
拨打120	无反应立即拨打	单人施救时以30∶2实施5组按压和人工呼吸后拨打	
检查呼吸	5～10秒观察胸廓有无起伏或濒死呼吸		
开放气道	仰头提颌法，遇颈部创伤可用推举下颌法		
人工呼吸	2次有效通气，每次吹气持续1秒，可见胸廓起伏		
按压方法	双手掌根按压	单手或双手掌根按压	双指按压
按压位置	胸骨下半段，两乳头连线中点		两乳头连线正下方
按压深度	至少5 cm，不超过6 cm	大约5 cm	大约4 cm
按压速度	每分钟至少100次，不超过120次		
按压/人工呼吸	30∶2		单人30∶2
AED使用	尽快使用		
电极片要求	成人电极片	尽量使用儿童电极片或者有儿童开关的AED，8岁以上同成人；如没有儿童电极片也可使用成人电极片	

第三节   常见急症

一、心脏病突发

（一）发病诱因

劳累、突发用力、剧烈运动、情绪激动、饱餐、寒冷等。

（二）症状特点

（1）胸痛、胸闷，以及胸前区有紧迫感、气短。典型的胸痛表现为胸骨后压榨性疼痛，可传至下颌、颈部、肩部。

（2）疼痛加重，持续时间长，反复发作，休息或服药后效果欠佳。

（3）胸痛、胸部不适加重，可出现眩晕、无力、晕厥、气促等，严重的发病早期易发生心搏骤停。

（三）急救措施

（1）禁止搬动，采取舒适体位，休息。

（2）服用备用药物，如硝酸甘油等。

（3）拨打急救电话，尽快就医。

（4）观察其意识、呼吸，确认无意识无呼吸时予以心肺复苏。

二、脑卒中

（一）发病诱因

劳累、寒冷、饱餐、嗜酒、情绪激动等。

（二）症状特点

（1）头晕、头痛、恶心或突发晕厥。

（2）突发一侧面部或肢体麻木、无力。

（3）讲话吐字不清或不能讲话。

（4）意识障碍，轻者烦躁不安、嗜睡，重者发生昏迷、呼之不应。

（5）喷射状呕吐，此症状常见于出血性卒中。

（三）急救措施

（1）拨打急救电话。

（2）记录首次出现卒中征象的时间，观察病情变化，等待救援人员。

（3）如失去意识但有呼吸，可以将其平卧，头偏向一侧。注意保持呼吸道通畅。

（4）如失去意识且无呼吸或仅有濒死呼吸，应立即实施心肺复苏。

（5）缺血性脑卒中最好在3～4.5 h内送至医院进行治疗。

小提示 　　脑卒中急救注意事项

　　脑卒中时患者易发生呕吐，注意清除口腔内的呕吐物，以保持气道通畅。

三、晕厥

（一）发病诱因

反射性：情绪激动、恐慌、剧烈运动等。

体位性：体位改变引起血压下降出现晕厥、低血糖等。

心脏性：如心律失常等心脏病。

（二）症状特点

（1）一过性意识丧失，持续数秒至数分钟。

（2）发作前胸闷、头晕、心悸、眼前发黑。

（3）发作时面色苍白、有汗，可伴有抽搐。

（4）恢复后感觉身体无力。

（三）急救措施

（1）立即平卧，可抬高双下肢。

（2）保持空气流通，松开衣领。

（3）如持续大汗、恶心头痛、胸部不适等应立即送往医院救治。

（4）如遇高危人群（中老年，高血压、糖尿病、冠心病等患者）应立即拨打急救电话。

四、昏迷

（一）发病诱因

（1）脑部原因：脑卒中、脑外伤、肿瘤、癫痫等。

（2）脑外原因：休克、糖尿病低血糖、肝昏迷、中毒、严重创伤等。

（二）症状特点

（1）突然意识不清，呼之不应。

（2）持续时间很长，对痛觉有反应或无反应。

（三）急救措施

（1）立即拨打急救电话。

（2）平卧，头偏向一侧，保持呼吸道通畅，注意清除呕吐物。

（3）如发生窒息导致呼吸停止时立即进行心肺复苏。

五、哮喘

（一）发病诱因

（1）内源性因素：哮喘易感因素、过敏体质等。

（2）环境因素：食物过敏、吸烟、环境污染、感染等。

（3）促发因素：剧烈运动、寒冷、情绪激动、药物等。

（二）症状特点

反复发作喘息，呼吸困难，胸闷气短或咳嗽等。有些青少年哮喘症状表现为运动时，尤其同时遭遇冷空气，会出现胸闷、咳嗽、呼吸困难。

（三）急救措施

（1）采取端坐体位或半卧位，解开领扣。

（2）条件允许时给予吸氧，保持空气流通，缓解紧张情绪。

（3）第一时间使用支气管扩张喷雾剂，迅速解除痉挛从而缓解哮喘症状。

（4）病情比较严重时要尽快拨打急救电话，立即就医。

六、低血糖

（一）发病诱因

（1）外源性胰岛素分泌过多：用降糖药物、饮酒等。

（2）内源性胰岛素分泌过多：胰岛素瘤、自身免疫性低血糖等。

（3）重症疾病：肝衰竭、心力衰竭、肾衰竭、营养不良等。

（二）症状特点

表现为出汗、饥饿、心慌、颤抖、面色苍白等，同时还有精神不集中、思维和语言迟钝、头晕、嗜睡、躁动、易怒、行为怪异等症状，严重者会惊厥、昏迷甚至死亡。

（三）急救措施

（1）解除低血糖症状。对于轻中度低血糖患者，可口服糖水、含糖饮料或进食糖果、饼干等。对神志不清者，切忌喂食以免呼吸道堵塞导致窒息。

（2）消除导致低血糖症的各种潜在因素。对于药物性低血糖，应及时停用相关药物。

七、休克

（一）发病诱因

休克是机体有效循环血量减少、组织灌注不足所导致的细胞缺氧和功能受损的综合病征。根据病因的不同，休克分为低血容量性、感染性、心源性、神经性和过敏性等几种类型。

（二）症状特点

（1）休克早期：出现轻度兴奋征象，如意识尚清，但烦躁焦虑，精神紧张。面色、皮肤苍白，口唇牙床轻度发绀，心率加快，呼吸频率增加，出冷汗，血压略降，尿量减少。

（2）休克中期：患者烦躁，意识不清，呼吸表浅，四肢温度下降，心音低钝，脉细而弱，血压进行性降低，可低于 50 mmHg 或测不到，皮肤湿冷发花，尿少或无尿。

（3）休克晚期：弥散性血管内凝血和多器官功能衰竭。

（三）急救措施

（1）尽量保持安静，避免人为搬动，取平卧位，必要时将头和躯干抬高 20°～30°、下肢抬高 15°～20°，以利于呼吸和下肢静脉回流。

（2）保持呼吸道通畅，有条件时可给患者吸氧。

（3）维持比较正常的体温，体温低时注意保温，体温高时注意降温。

（4）立即送往医院。

第四节　常见外伤处理与脊柱损伤常规处理

一、常见外伤类型

（一）开放性损伤

（1）损伤特点：有伤口及出血现象，细菌有机会由伤口入侵而导致感染。

（2）处理原则：对伤口进行有效止血，预防感染，促进伤口愈合。

（二）闭合性损伤

（1）损伤特点：表面没有伤口，伤处有红肿、淤血、畸形等。感染机会不大。

（2）处理原则：减少活动；针对红肿可以冷敷，减轻疼痛。及时就医。

二、常见外伤处理

（一）皮肤出血

1. 出血类型

出血是游泳者经常碰到的一个现象。由于身体长时间浸泡在水中，表层皮肤容易开裂而造成损伤出血，因此如遇溺水者应及时检查其身体有无出血（图5-4-1）。出血可以分成动脉出血、静脉出血、毛细血管出血三类（表5-4-1）。

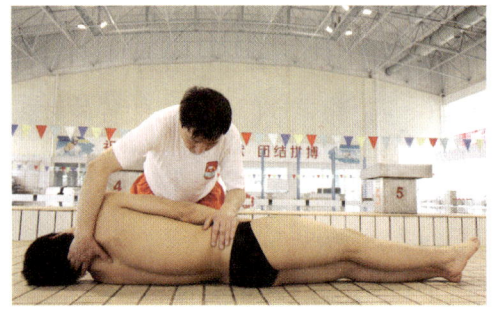

图5-4-1　检查溺水者有无外伤

表 5-4-1　出血部位和临床表现

出血部位	临床表现
动脉出血	血液颜色鲜红，出血呈喷射状，血液自近心端随脉动而冲出，失血量随血管大小而不同
静脉出血	血液颜色呈暗红，自伤口远心端涌出或缓慢流出，若破裂血管较大，可能危及生命
毛细血管出血	随出血血管距离动静脉远近的不同，血液颜色可自鲜红过渡至暗红色，呈点状或片状渗出，出血量较少，多可自愈

2. 止血方法

（1）直接加压止血法：最常见的止血方法，用于躯体、头部、四肢等部位出血。采用敷料覆盖住伤口后直接压迫出血部位，直至出血停止。（图5-4-2）

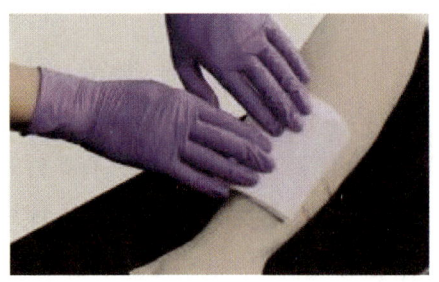

图5-4-2　直接加压止血法

（2）指压动脉止血法：用于头面部、四肢出血。手指压住出血伤口的近心端，使得动脉血管被压在附近的骨骼上，从而达到止血目的。（图5-4-3）

（3）止血带止血法：用于四肢大血管出血。用止血带结扎在伤口近心端5 cm的完好部位，从而达到止血目的。（图5-4-4）

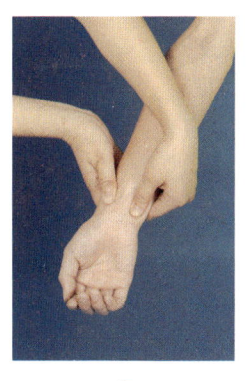 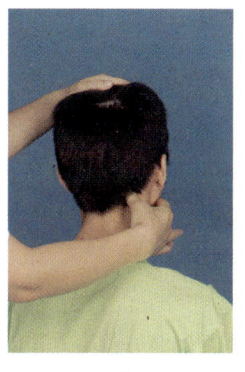 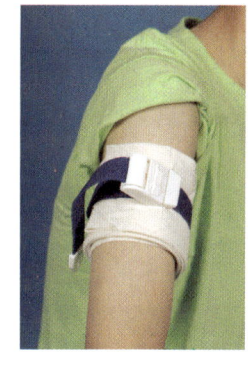 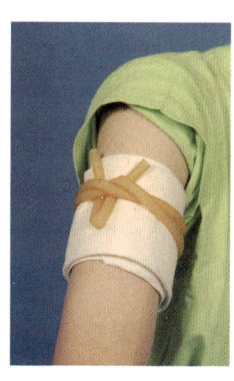

①　　　　　　　　②　　　　　　　　①　　　　　　　　②

图5-4-3　指压动脉止血法　　　　　图5-4-4　止血带止血法

 小提示　　　　　　　注 意 事 项

◎ 结扎止血带的松紧以止住血为宜。

◎ 止血带上应标注止血带的连续使用时间，每45分钟放松一次，每次时长1~3分钟（根据局部出血情况确定时长）。

（4）填塞止血法：用于伤口较深、出血较多时。用无菌敷料填塞在伤口内，达到止血目的，如用于处理鼻出血。

3. 包扎

（1）绷带包扎。

① 适用范围：用于前臂、上臂、大腿、小腿、手、足的外伤包扎。

② 绷带类型：纱布绷带、弹性绷带、止血绷带等。

③ 包扎方法：根据受伤部位不同可分别使用环形包扎、螺旋包扎（图5-4-5）、"人"字包扎（图5-4-6）、"8"字包扎（图5-4-7）等方法。

（2）三角巾包扎。

① 适用范围：适用于头、四肢、躯干等部位包扎。

② 包扎方法：根据受伤部位与性质不同可用于伤口止血包扎、承托固定等，如头部包扎（图5-4-8）、大手挂（图5-4-9）、小手挂（图5-4-10）。

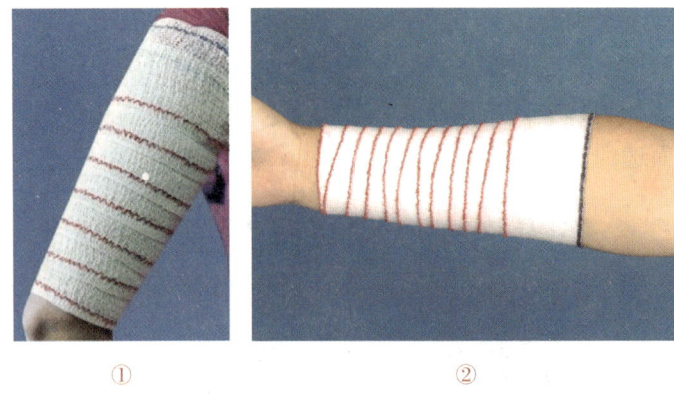

①   ②

图5-4-5   螺旋包扎法

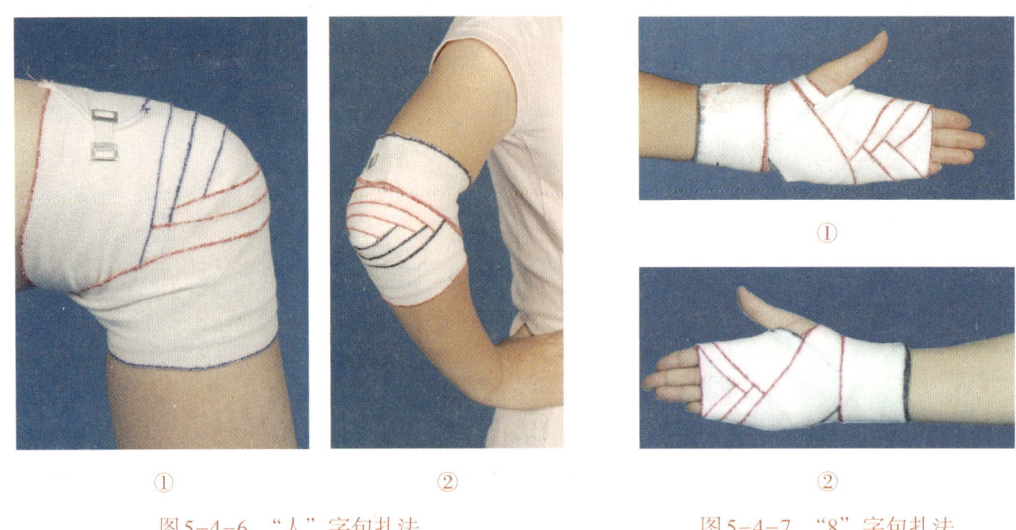

①   ②   ①

                                                         ②

图5-4-6   "人"字包扎法   图5-4-7   "8"字包扎法

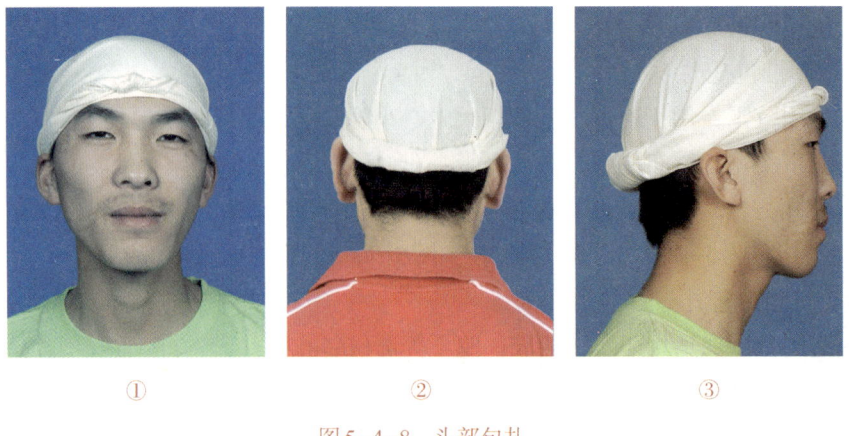

①   ②   ③

图5-4-8   头部包扎

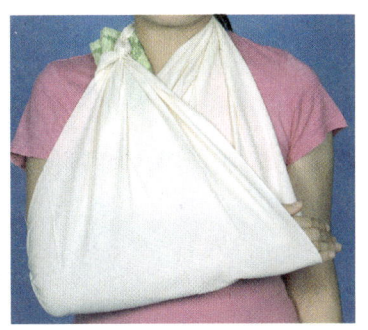
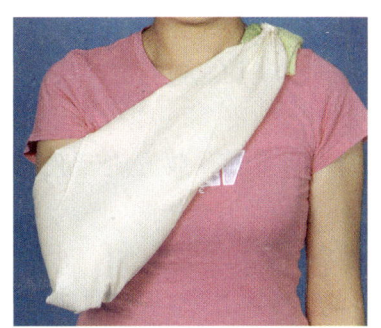

图5-4-9　大手挂　　　　　　　　　　　　　图5-4-10　小手挂

（二）鼻出血

鼻出血指血液由鼻腔流出，常由鼻、鼻窦及其邻近部位局部病变、外伤，以及某些影响鼻腔血管状态和凝血机制的全身性疾病引起。大部分的鼻出血表现为一侧鼻腔出血，少数表现为双侧鼻腔出血。出血量少时仅为涕中带血，出血量大时血液从两侧鼻腔涌出。出血量少时无明显不适，出血量大、速度快时，伤者可能有心慌、面色苍白、口渴、出冷汗、烦躁不安等休克或休克前期症状。

急救措施：

（1）安慰其不要紧张。小量出血者取坐位或半卧位，大量出血疑有休克者，应取平卧低头位。

（2）让其将流入咽部的血尽量吐出，以免咽下后刺激胃部引起呕吐而加重鼻出血。

（3）用指压法止血。用一手拇指和食指紧捏两侧鼻翼根部，压住鼻中隔前下方，同时头稍前倾，张口呼吸。

（4）用填塞法止血。手边如有消毒棉，可卷成6 cm左右长棉卷放入出血侧鼻孔，再按照方法（3）捏住，止血效果会更好。

（5）用凉毛巾或冰袋冷敷鼻背、鼻根、后颈部和前额部，可加速止血过程。

（三）软组织扭、挫伤

扭伤和挫伤是一种常见的软组织闭合性损伤。扭伤是指外力作用于关节时，使其过度扭转，引起关节囊、韧带、肌腱损伤，严重者甚至断裂。挫伤是指钝性暴力作用于较大面积体表，其强度虽未造成皮肤破裂，但使皮下组织、肌肉和小血管损伤。

软组织扭、挫伤表现为皮肤表面无裂口，局部肿胀、疼痛、青紫和皮下淤血，压痛明显。严重者可发生肌纤维撕裂、深部血肿、神经血管损伤及关节活动障碍。

急救措施：

可以按照RICE四步骤进行，如对伤势严重程度有所怀疑，应按骨折处理。

（1）rest（休息）：让伤者以最舒适的姿势休息。

（2）ice（冰敷或冷敷）：可用冰块、湿冷毛巾冷敷。在6小时内可多次进行冷敷，每次15分钟，直至肿胀、疼痛减轻。

（3）compress（加压包扎）：用软垫包裹受伤部位，以轻微及平均的压力用绷带固定。

（4）elevate（抬高伤肢）：把受伤的肢体抬至高于心脏位置，减少肿胀和淤血。

伤势严重者应及时送医院。

（四）肌肉痉挛

肌肉痉挛，俗称抽筋，是一种肌肉自发的强直性收缩。

1. 发病诱因

（1）全身性原因：高热、癫痫、破伤风、狂犬病、缺钙等。

（2）局部性原因：由于剧烈运动、工作疲劳或肌肉剧烈扭拧引起；小腿肌肉长时间处于绝对放松状态，引起肌肉"被动挛缩"；局部酸性代谢产物堆积，可引起肌肉痉挛等。

（3）寒冷刺激。

（4）因运动前热身不足或肢体保持同一姿势过久所致。

2. 急救措施

（1）即刻休息，对痉挛的部位轻轻按摩，并将痉挛部位的肌肉轻轻拉长。

（2）若肌肉痉挛的时间很长，可使用热敷或冷敷的办法来减轻疼痛，或局部喷涂松筋止痛的药水或药膏。

（五）运动性胸、腹痛

运动性胸、腹痛是由于运动而引起的胸腹疼痛。

1. 发病诱因

（1）准备活动不充分。开始运动时运动量过大，造成静脉血回流，下腔静脉压力上升，肝静脉回流受阻，从而引起肝脾淤血肿胀，以致产生牵扯性疼痛。

（2）胃肠痉挛。

（3）腹直肌痉挛。多发生于夏季，在进行较为剧烈的运动时，由于大量水、盐丢失，体内代谢失调，加上疲劳因素，可引起腹直肌痉挛性疼痛。

2. 症状特点

（1）牵扯性疼痛。运动时胃肠发生痉挛引起腹痛，轻则钝痛、胀痛，重者呈阵发性绞痛，其疼痛部位多在脐周及腹上部。

（2）呼吸节律紊乱。大运动量锻炼破坏了均匀、有节奏的呼吸，造成体内缺氧，导致呼吸肌疲劳。膈肌疲劳后减弱了它对肝脏的保护作用，导致肝脏淤血肿胀而引起腹痛。

3. 急救措施

（1）痉挛性腹痛，可在腹部热敷以缓解痉挛。

（2）呼吸节律紊乱引起的腹痛，关键是指导患者调整呼吸节律，尽可能用鼻呼吸而不要张嘴呼吸。

运动性胸、腹痛预防的措施：运动前要作充分的准备活动，提高内脏器官适应性；避免运动前吃得太饱；夏季运动出汗时要适当补充盐水；局部按摩腹直肌，做背伸运动拉长腹直肌可以缓解腹痛。

（六）骨折

骨折是指由于外伤或骨组织的病变，骨头折断、变成碎块或发生裂纹，常因暴力作用、积累性劳累、骨骼疾病等造成。

1. 骨折类型

（1）闭合性骨折：骨折部位皮肤完好，受伤部位可能出现畸形、淤青、肿胀。

（2）开放性骨折：皮肤因骨折而破裂，伤口深入骨折处或骨骼外露，伤口外出血，增加感染机会。骨折断端可能刺破皮肤。

2. 急救措施

一般按照伤口包扎、妥善固定、迅速转运的步骤处理。以下重点介绍如何妥善固定。

（1）固定目的。所有的四肢骨折均应作临时固定，目的在于限制受伤部位的活动，从而减轻疼痛，减少出血，避免骨折断端因摩擦而损伤血管、神经乃至重要脏器。

（2）固定材料。常见的固定材料有各种材质的夹板、三角巾、绷带等。

（3）固定原则。

① 有开放性伤口的需先止血包扎，然后固定。

② 有危及生命的情况先抢救生命，然后固定。

③ 应就地固定，减少移动。

④ 固定的材料长度必须超过骨折处上下2个关节。

⑤ 固定后检查肢体远端供血情况，避免影响血液循环。

三、游泳时脊柱损伤的原因及症状

成人脊柱由24块椎骨（7块颈椎、12块胸椎、5块腰椎）、1块骶骨、1块尾骨，以及23个椎间盘、椎间关节及韧带等彼此连接构成。游泳者发生脊柱损伤一般常见于颈椎、腰椎。脊柱骨折或骨折脱位等易造成脊髓损伤。

因意外事故造成严重外伤（如跳水时头碰池底、意外滑落、颈部碰壁等），救生员在现场救治中，要特别注意保护脊柱，并在医护人员监护下使用专业工具进行搬动和转运（图5-4-11）。避免脊髓受伤或脊柱受伤进一步加重，造成溺水者截瘫甚至死亡。

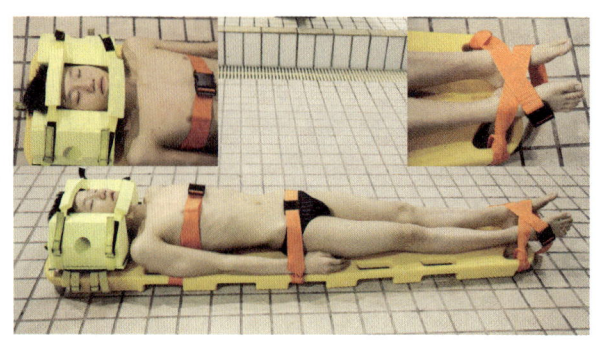

图5-4-11   搬运脊柱可能受伤者

（一）游泳时脊柱损伤的原因

一般来说，并不是所有的溺水者都会发生脊柱骨折。但是，如果发现有下列情况出现，则应考虑采用脊柱受伤的处理办法，不可使用肩背运送。

（1）事发前曾在浅水区域跳水。

（2）事发前曾用不恰当的姿势入水。

（3）事发前头部曾撞到池边、池底或其他硬物。

（4）出现有脊柱骨折的症状。

（5）事发前有承受暴力、坠落等外伤史。

（二）脊柱损伤的症状

（1）受伤处感到某个区域疼痛、肿胀，有压痛。

（2）颈部或背部出现红肿或淤青。

（3）脊柱变形或歪曲。

（4）脊骨失力、颈部有坠下的感觉。

（三）脊髓受伤的症状

由于脊髓位于脊柱之内，当脊柱骨折导致脊髓受伤时，会出现下列症状：

（1）受伤处以下的肢体软弱无力或瘫痪。

（2）肢体麻木，部分甚至完全失去感觉而造成运动障碍。

（3）呼吸困难或大小便功能障碍。

（4）休克甚至昏迷。

四、脊髓损伤的常规处理

凡疑有脊髓损伤的溺水者，均应按脊柱骨折进行急救和搬运。对合并有休克或其他部位脏器受伤的溺水者，应根据溺水者呼吸、血液循环等情况，给予相应急救处理，并按正确搬运方法送医院治疗。

（一）搬运

搬运时，以使用急救板或平板为最好（图5-4-12）。移动溺水者和上下急救板时，必须小心谨慎，做到动作一致、平抬平放。

一般需3~4名救生员，由一人指挥，统一行动。在搬动颈椎受伤溺水者时，先戴好颈托固定溺水者颈部。如没有颈托，应专门安排一人固定溺水者颈部。切忌一

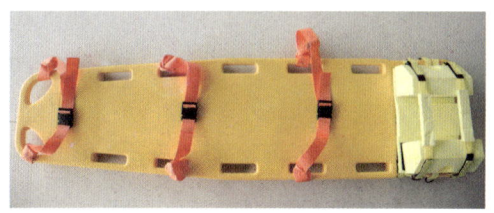

图5-4-12　急救板

人抬上身，一人抬大腿。禁止使用凉椅、藤椅之类使躯干弯曲的工具进行运送，避免造成或加重溺水者脊髓损伤。

（二）颈托的使用

颈托是用来固定疑似颈椎受伤溺水者的。在使用颈托时，对不同体形的受伤者，必须严格地选择适合的尺码。（图5-4-13）

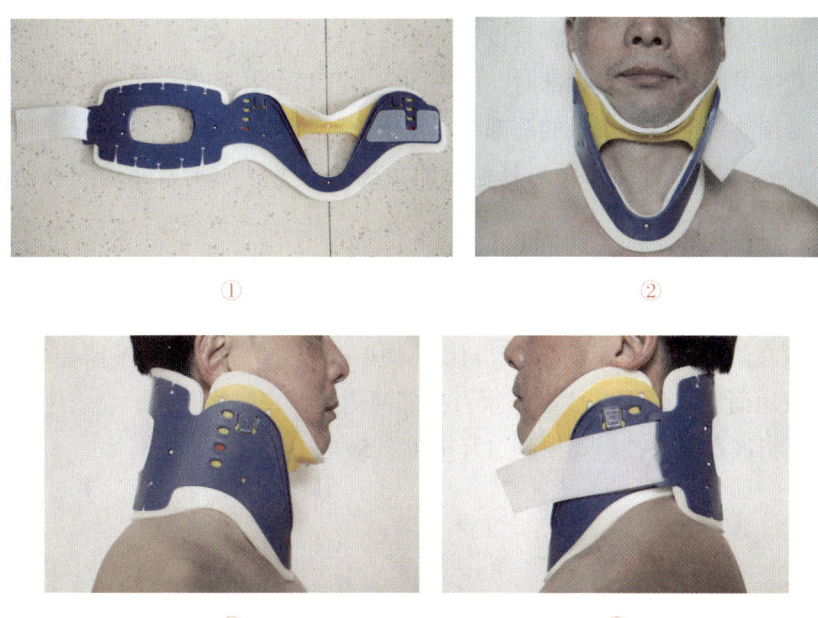

①　　　　　　　　　　　　　②

③　　　　　　　　　　　　　④

图5-4-13　颈托正面与侧面

（1）救生员应小心地将其颈部置于"正中位"，即仰卧时头部仰至嘴角和耳垂的连线与地面垂直，鼻尖与肚脐呈一直线。

（2）救生员用手指度量受伤者由下颌骨下方到肩部的距离，然后调整颈托至适合受伤者的颈部尺寸。

（3）将颈托小心地穿入受伤者的后颈，然后，慢慢地将下颌垫小圆点与受伤者的下颌尖吻合。

小提示　　　　　　　　移动颈椎受伤者注意事项

◎ 移动受伤者头至"正中位"时，如遇到阻力或受伤者感到疼痛时，应立即停止移动。

◎ 固定之后，在进行搬运等其他动作时，应该始终留意受伤者颈部的姿势是否保持在"正中位"。

◎ 切记颈托只能协助防止颈椎移动，并不能完全将颈椎固定在安全位置。

五、脊椎损伤的陆上处理

（一）器材和基本技术要求

（1）准备急救板、颈托等急救设备。

（2）救生员固定溺水者颈部时，应先固定自己双手肘关节，然后再扶头部。

（3）必须始终保持溺水者的头部在"正中位"。

（4）在移动溺水者前，要与其他协助救援的救生员明确所转动或移动的方向，然后再移动。

（二）颈部的固定技术

1. 头锁法

双膝跪在溺水者头顶后方，并与其身体成一直线；先固定双手肘关节，可支撑在大腿上或地面上；两手掌放在溺水者头部两侧，拇指轻按前额，食、中指按面颊，无名指和小指放在耳下，但不要超过耳垂（图5-4-14）。

小提示

注意：如溺水者身体处于未固定状态，则不能使用头锁法。

2. 斜方肌挤压法（双肩锁）

双膝跪在溺水者头顶后方，并与其身体成一直线；固定双手肘关节，双手虎口张开，在溺水者头部两侧插入肩下至斜方肌，掌心向上，压紧斜方肌；用双手前臂紧贴溺水者头部两侧，使其固定（图5-4-15）。

小提示

注意：在移动溺水者身体时，必须用前臂稳定溺水者的颈部。

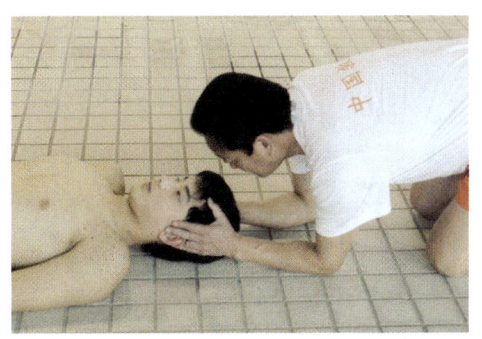

图 5-4-14 头锁法

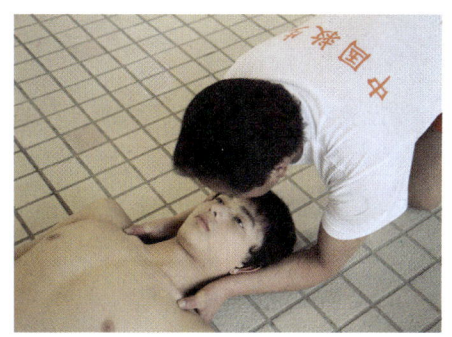

图 5-4-15 双肩锁

3. 改良斜方肌挤压法（头肩锁）

双膝跪在溺水者头顶后方，并与其身体成一直线；固定双手肘关节，一手用斜方肌挤压法锁紧其斜方肌，另一手用头锁固定法固定溺水者的颈部；手掌与前臂同时用力将其颈部固定（图 5-4-16）。

小提示

注意：在转动溺水者时，一手必须固定在地上或膝上。若另一肘关节需要离开地面或膝部时，则应尽量将手臂紧贴身体。

4. 胸背固定法（胸背锁）

站在溺水者的侧面，将肘关节与前臂放在溺水者胸骨上，虎口张开，拇指及食指分别按压其面颊；另一手臂放在其背部脊椎骨上，手掌托住后枕，手指锁紧头部（图 5-4-17）。

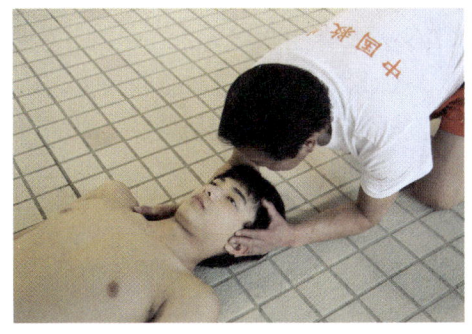

图 5-4-16 头肩锁

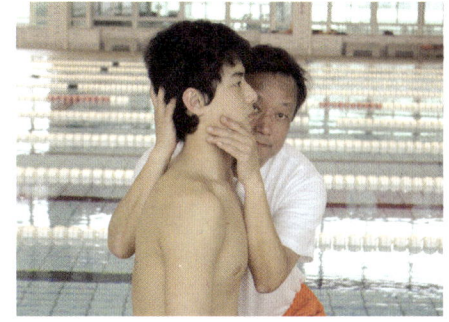

图 5-4-17 胸背锁

小提示

注意：按压面颊的手不能盖住溺水者口鼻，以免影响其呼吸。

5. 头胸固定法（头胸锁）

在溺水者一侧头肩位置，双膝跪在地上；
肘关节和前臂放在溺水者的胸骨上，手掌放在
溺水者面颊上；另一手先固定肘关节，然后手
掌放在溺水者额头上，稳固地施压，避免头及
颈部移动（图5-4-18）。

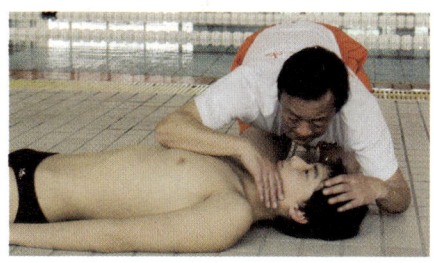

图5-4-18   头胸锁

小提示

注意：切勿转动头颈部或捂住溺水者口鼻，以免影响其呼吸。

以上几种方法在使用颈托和急救板固定溺水者时，交替使用。在双人交替配合
时，当接替者已稳固，并有明确的口令后，方可松手。

第五节   脊柱损伤的水中处理技术

脊柱损伤水中处理分为急救板浅水上岸方法、急救板深水上岸方法和无板上岸
方法。

一、急救板上岸的技术和方法

（一）水中处理的步骤

（1）当发生脊椎受伤时，首先应保护溺水者头颈及脊柱。

（2）确认清醒程度，检查呼吸。若有呼吸，则将溺水者固定在急救板上，运送
上岸。若没有呼吸，应尽快将其运送上岸，根据溺水者的情况进行急救。

（3）呼叫专业救护人员到场。

（二）水中处理的一般方法

（1）减少溺水者颈部和脊柱的移动。如怀疑颈部有损伤，应及时固定并使其头
部与身体成一直线。

（2）保持溺水者面部在水面之上。

（3）检查溺水者的知觉和呼吸。若没有呼吸，应尽快将其运送上岸，施行人工

呼吸。

（4）尽可能地将溺水者移至浅水区。若一定要在深水区施救，则可利用浮物帮助溺水者和救生员。

（5）利用急救板固定溺水者，先将其胸部固定在板上，然后固定其颈部和身体的其他部位。

（6）将溺水者运送至岸上，继续进行施救。

（三）水中固定技术

当怀疑溺水者脊柱可能受伤时，必须加倍小心处理，因为其脊髓可能因处理不当而受到损害，造成终身瘫痪，甚至死亡。以下是在水中固定脊柱的方法。

1. 手钳固定法

手钳固定法适用于浮在水面、沉于池底的面部向上或向下的溺水者，但不适用在极浅的水中或浸泡在深水处而面部朝下的溺水者。

（1）溺水者俯卧位：以救生员在溺水者的右侧为例，救生员游近溺水者，左手固定其颈部，使其头颈与身体成一直线；救生员的右手臂紧贴溺水者胸部，虎口张开，手紧握溺水者的下颌；左手肘关节紧贴溺水者背部，手掌紧托其后枕；然后朝右面下潜转身翻转使溺者面部朝上，露出水面。（图5-5-1）

①

②

③

图5-5-1　手钳固定法（1）

小提示   注 意 事 项

◎ 先用肘关节固定溺水者身体，然后用手掌和手指固定其头颈部。

◎ 翻转溺水者时，需在水面进行，切勿将溺水者压入水中。

◎ 手握溺水者下颌时，应避免完全封住其口鼻。

（2）溺水者仰卧位：救生员同样用双手固定溺水者的头颈与身体，方法与溺水者俯卧位相同，但要先用在水下的手固定溺水者的背部和后枕，然后再用另一手固定其胸部和下颌。（图5-5-2）

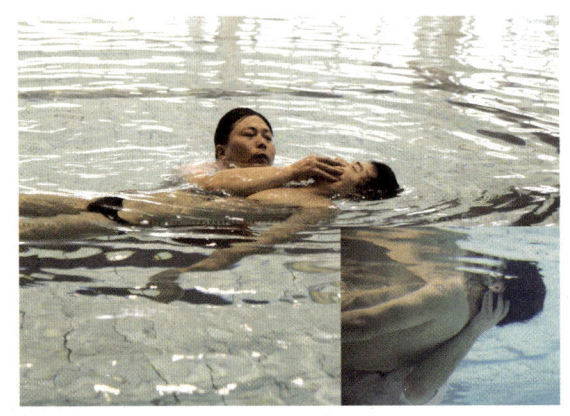

图5-5-2   手钳固定法（2）

小提示   注 意 事 项

◎ 先用水下手固定溺水者背部和后枕，然后用上面手固定其胸部和下颌。

◎ 手握溺水者下颌时，应避免完全封住其口鼻。

2. 手臂固定法

手臂固定法在浅水和深水区域均可使用，适用于面部向下浮在水面上的溺水者。其方法是，救生员接近溺水者时抓紧溺水者的上臂处（同侧手相抓），使双臂向前伸展固定其头部；保持头颈部与身体成一直线；缓缓地向前推进使其整个身体浮在水面上；然后将溺水者向自己身体一侧翻转，使其面部朝上；溺水者上臂枕在救生员的前臂上，继续保持溺水者颈部与身体成一直线。（图5-5-3）

①　②　③　④

图5-5-3　手臂固定法

小提示

注　意　事　项

◎ 双臂应尽量向前伸直并固定其头颈。
◎ 翻转后保持溺水者颈部与身体成一直线。

二、急救板浅水上岸方法

当救生员在水中固定溺水者后，应尽快将其运送到岸上，采取进一步的急救措施。用急救板固定和运送溺水者至少需要两名救生员。若救生员人数充足，则拯救行动更容易、更快捷。

1. 手钳固定法上岸技术

1号救生员先固定溺水者头颈部，将其拖带到岸边；2号救生员由陆上携带急救板轻轻下水，在溺水者一侧把急救板垂直压入水中，放在溺水者身下；当1号救生员利用手钳固定法固定溺水者时，在急救板插入的同时1号救生员要将托在溺水者背部及头枕骨位置的手移至急救板下面连同急救板固定溺水者；2号救生员移动到板头背靠岸边利用其上臂及胸部顶住板的顶部，双手固定在溺水者的面颊两边，以固定其头部，并使急救板稳定不动。1号救生员利用固定带，按胸部、腰部和脚踝的顺序将溺水者固定，然后1号救生员手钳固定法固定溺水者，2号救生员上头部固定器。

2. 手臂固定法上岸技术

1号救生员先固定溺水者颈部，将其拖带到岸边；2号救生员由陆上携带急救板轻轻下水，在溺水者一侧把急救板垂直压入水中，放在溺水者身下；2号救生员将急救板放在溺水者背后，然后使用手钳固定法固定，连同急救板固定溺水者头颈（一手放在板底，另一手肘部固定溺水者胸骨部位，拇指和食指固定溺水者的颌骨，注意不要捂住溺水者口鼻）；1号救生员将承托在溺水者头枕下的手臂移开，将溺水者手臂放在身体两侧，然后移动到板头背靠岸边利用其上臂及胸部顶住板的顶部，双手固定在溺水者的面颊两边，以固定其头部，并使急救板稳定不动。2号救生员利用固定带，按胸部、腰部和脚踝的顺序将溺水者固定，然后2号救生员用手钳固定法固定溺水者头部，1号救生员上头部固定器。

   注 意 事 项

◎ 压急救板时，双手把板垂直插入水中。
◎ 始终保持溺水者颈部与身体成一直线。

3. 上岸方法

两名救生员站在急救板两侧，将顶部缓缓抬上岸。1号救生员快速上岸拉板顶部，2号救生员在水中推尾部，两人合力使急救板上岸。

   注 意 事 项

◎ 上抬时用力均匀、平衡，保持一致。
◎ 一名救生员先移至急救板尾部，另一名救生员快速上岸。

三、急救板深水上岸方法

如果深水处有脊柱受伤的溺水者，应使用急救板将其运送到浅水区或岸边继续施救。但如果距离浅水区较远，可采取下列方法：

（1）1号救生员固定溺者头部，并利用救生浮标帮助浮起自己和溺水者（需要2号救生员配合插入浮标）。

（2）2号救生员带急救板，佩戴救生浮标下水，浮标置于胸前，下水时注意保持水面平静，将急救板贴近溺水者一侧然后将急救板提起，使板面朝向溺水者，同时

与水面成90°，随后压板入水中，沿着溺水者一侧滑至其背部。

（3）如果1号救生员使用手钳固定方法。

1号救生员一手扶着溺水者的面颊保持不动，另一侧手在2号救生员将急救板贴近手肘时，从溺水者背部及头枕骨处移至急救板下面，连同急救板一同固定溺水者头部。

两人先将溺水者运送到岸边。2号救生员移至板头，利用救生浮标及前胸锁骨位置承托板头，两臂固定在板侧，双手放在溺水者面颊两侧，固定其头部，并使急救板稳定不动。

1号救生员利用固定带将溺水者固定在急救板上，按照胸部、腰部、脚踝的顺序，扣上并拉紧固定带。胸部扣带要经胸部、腋下，腰部扣带把上臂、手腕扣上固定，脚带为"8"字形固定在膝盖下小腿位置。

2号救生员利用手钳固定法固定溺水者的头部，然后1号救生员取头部固定器固定溺水者头颈。

（4）如果1号救生员使用上臂固定方法。

2号救生员将急救板放在溺水者背后，然后使用手钳固定法，连同急救板固定溺水者头颈（一手放在板底，另一手肘部固定溺水者胸骨部位，拇指和食指固定溺水者的颌骨，注意不要捂住溺水者口鼻）；1号救生员将承托在溺水者头枕下的手臂移开。

1号救生员将溺水者双手放在其身体两侧，两人先将溺水者运送到岸边。1号救生员移至板头，利用救生浮标和前胸锁骨位置承托板头，两臂固定在板侧，双手放在溺水者面颊两侧，固定其头部，并使急救板稳定不动。

2号救生员利用固定带将溺水者固定在急救板上，按照胸部、腰部、脚踝的顺序，扣上并拉紧固定带。胸部扣带要经胸部、腋下，腰部扣带把手臂、手腕扣上固定，脚带为"8"字形固定在膝盖下小腿位置。

2号救生员利用手钳固定法固定溺水者的头部，然后1号救生员取头部固定器固定溺水者头颈。

（5）上岸。

固定好溺水者后，两人同时到板头两侧，一手托板头下面位置，另一手抓板中间扶手位置，先将板头抬上岸。1号救生员上岸后双手抓板头，2号救生员一手抓池壁一手抓拉急救板中下方扶手位置，二人合力将溺水者拉上岸。

四、无急救板固定的上岸方法

无急救板固定的上岸，需要有5名救生员协同合作。救生员（甲）先用手钳或手臂固定法将溺水者拖至浅水处，使溺水者与池边平行。在水中，乙、丙、丁救生员用前臂将溺水者托至与池边齐平，掌心向下紧抓池边；救生员（甲）发出口令，众人同时发力将溺水者抬上岸。岸上的救生员替换救生员（甲）固定溺水者颈部。当溺水者完全放到岸上后，丁、丙、乙救生员依次将手臂从溺水者背后抽出，此时，岸上的救生员要继续固定溺水者头颈。（图5-5-4）

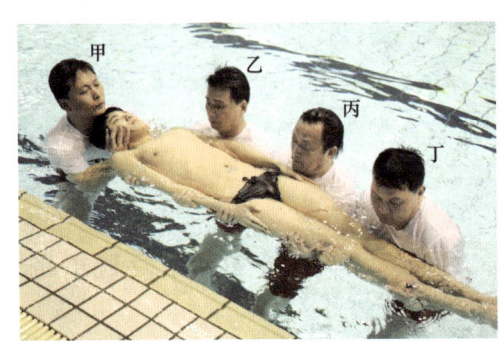

①

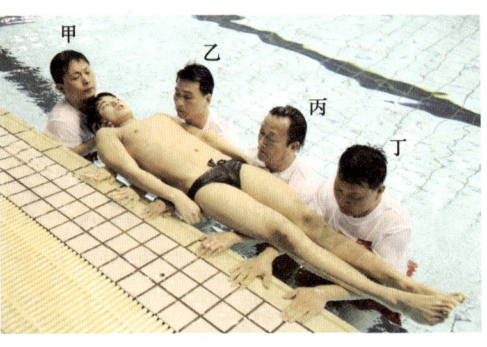

②

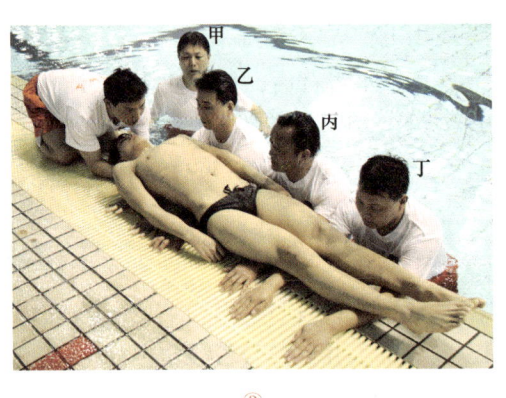

③

图5-5-4   无急救板固定的上岸方法

✎小提示   注 意 事 项

◎ 一切行动听从救生员（甲）的指挥。

◎ 岸上救生员替换救生员（甲）时，注意应使溺水者颈部保持原状。

◎ 救生员按照从脚到胸的顺序将手臂抽出。

思考题

1. 简述如何根据溺水者临床表现判断其溺水时间。
2. 为溺水者实施心肺复苏的条件是什么?
3. 心搏骤停的表现是什么?
4. 简述对成人、青少年溺水者实施心肺复苏的步骤。
5. 简述使用成人AED的注意事项。
6. 简述颈托佩戴的方法与注意事项。
7. 简述颈部损伤的固定方法。
8. 简述用急救板水中固定溺水者的上岸方法。

第六章　游泳公共卫生和安全常识及游泳池救生管理

【学习目标】

1. 了解游泳公共卫生和安全常识。
2. 掌握游泳时的自我救助方法。
3. 掌握游泳场所安全标识设置方法。
4. 掌握救生、急救、通信器材及救生员装备的设置和管理。
5. 掌握游泳场所安全紧急预案的设置和实施。

【章前导言】

　　通过学习，了解游泳公共卫生和安全常识，掌握游泳自救方法，掌握游泳池救生器材、急救器材、通信器材、救生员装备的管理办法和游泳池安全标识设置，掌握游泳池安全预案的设置和预案的实施方法。

第一节   游泳公共卫生和安全常识

一、游泳公共卫生常识

对公众开放的游泳场馆是公众健身锻炼的活动场所，由于是公共场所，以及泳池水作为媒介，如果发生疾病的话传染的速度很快，将直接影响大众身体健康。为了确保游泳场馆的卫生环境，保护每个游泳者的健康，要求每位游泳者自觉遵守游泳卫生相关规定，自觉维护好公共卫生环境。

1. 体检合格者方能游泳

在参加游泳健身锻炼前，应通过医院体检确认身体健康、可进行游泳健身者，方能到对公众开放的游泳场所进行游泳。以下疾病患者禁止在公共游泳场所游泳：

（1）患有传染性肝炎、严重皮肤病、细菌性痢疾和传染性眼疾病者。

（2）患有严重高血压病、心脏病、精神病、癫痫病者。

（3）患有性病、阴道滴虫、严重脚癣者。

（4）患有活动性肺炎、支气管炎、肺结核病者。

（5）患有急、慢性中耳炎者，鼓膜穿孔者。

2. 游泳前要先淋浴

为保证泳池水质的清洁卫生，游泳者在下水之前，要先淋浴清洗身体汗污，再穿泳衣，然后通过清脚池，再入泳池游泳。

3. 排泄物必须排入水槽或痰桶内

游泳中将出现痰或鼻涕等时，应尽快抬头游到池边，将痰、鼻涕等排泄物排入水槽、痰沟或痰桶内，以免污染池水，造成疾病传染。

4. 不能空腹、饱餐、酒后游泳

人在空腹时血糖低，游泳容易引起大脑缺氧，易引发晕厥而造成溺水窒息；饱餐后即刻游泳，胃与心肺负担过重，容易引起呕吐和身体不适；酒后游泳，由于酒精的作用，运动神经失控，会使人的反应和判断能力下降，很容易发生溺水事故。因此，空腹不要下水，饱餐后休息一小时再游泳为宜。酒后禁止下水游泳。

5. 女性经期不宜游泳

女性在月经期间，子宫内膜脱落形成创伤面，子宫颈口略扩大，此时不宜下水游泳，以防止细菌感染产生疾病。

二、游泳安全常识

游泳是在水中这个特殊环境中进行的运动，为了游泳者的安全，除了需要管理者做好游泳场所的设备设施、场地器材管理和救生人员配备外，还需要每位游泳者了解游泳安全常识。

1. 树立安全游泳意识

水上活动会给游泳者带来很多益处和无限乐趣，但因个体因素和技术体能原因也容易造成溺水事故。因此，参加游泳锻炼时一定要树立"安全第一"思想，切不可麻痹大意，应循序渐进量力而行。未成年人应在监护人的监护下游泳，残障人员和孕妇应在医生和专业人员的指导下进行游泳锻炼。

2. 游泳前做好热身活动

游泳者下水前，要做好热身活动，让身体适应锻炼环境及水温，同时使颈、肩、腰、膝等关节部位和全身肌肉充分活动开，以防止运动中发生关节损伤和肌肉拉伤。

3. 识别泳池深浅水区域

游泳者下水前，一定要识别泳池的深、浅水区域划分和警示标识，这对初学者、少年儿童和第一次来泳池游泳者更为重要。游泳者要根据自己游泳技术和能力，选择浅水或深水区游泳锻炼。游泳技能差能力低者，切不可贸然进入深水区，防止发生受伤溺水等严重后果。

4. 不做易致伤害事故的活动

在游泳活动中不做打闹戏水、强推人入水、刻意用水撩拨他人、抬人扔下水等危险行为。这些行为，极易导致呛水、碰伤甚至溺水等意外事故的发生。遇见此类情况时，要及时劝阻制止。

5. 不在水下进行危险活动

游泳时不进行有危险的活动，如水下潜水、嬉闹跳水等。泳池的水有深有浅，在池中潜水和跳水可能造成自身伤害或伤及他人。在游泳旺季，游泳人数暴增，如果潜水或嬉闹，更容易发生踩踏、撞伤事件和溺水事故。

> **小提示**
>
> 值岗救生员应随时注视泳池突发情况，发现有人潜水、嬉闹跳水等危险活动或动作缓慢体力不支的人，应及时处置，并采用措施及时进行防护施救，确保每位泳者安全。

6. 遵循"循序渐进"的锻炼原则

游泳者初练时如果游得太猛、过快，容易缺氧，会出现头晕、恶心等不适症状。所以，游泳时一定要遵循"循序渐进"的原则，通过一段时间锻炼逐步增加运动量，根据身体反应情况科学制订训练计划，达到强身健体目的。如在游泳中出现体力不支或身体不适，应停止运动，马上上岸休息补充能量恢复体力。

三、游泳时的自我救助

（一）呼救

（1）如果遇到危险、身体不适、肌肉痉挛等突发紧急情况时，需要及时通过紧急呼救或其他醒目的方式，呼唤救生员及周围人前来援救，然后再根据现场情况自救。

（2）因身体难受、体力不支等因素无法通过语言来呼救时，最好的呼救方式是，放松身体仰卧在水面上，然后招手请求救援。在救援人员还未赶到时，要想方设法慢慢靠岸，等待施救。

（二）水上漂浮休息

由于受伤、肌肉痉挛、体能下降等原因不能继续游进时，采用水上漂浮休息等待救援，是一种非常好的自救方式。

1. 仰卧漂浮休息

身体仰卧水面，向上伸展双臂，两腿向外分开。吸气要深而短，呼气要缓慢，然后稍微屏气。为了使身体重心平稳，可调整漂浮姿势，如腿部下沉，将手臂露出水面并屈腕。若仍然下沉，还可以通过两肘慢慢地屈伸，来摸索调节身体平衡的最佳姿势。（图6-1-1）

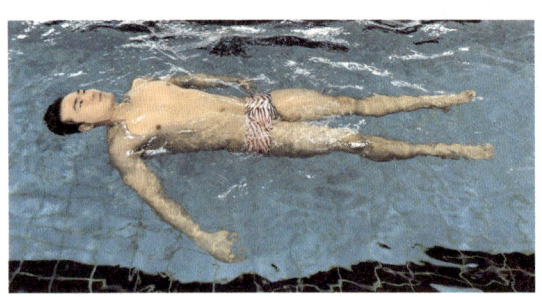

图6-1-1　仰卧漂浮休息

2. 身体垂直漂浮休息

身体垂直漂浮休息，可不做任何动作就能休息，但与仰卧漂浮休息相比，身体垂直漂浮休息动作难度较大，颈部肌肉容易疲劳。身体垂直漂浮休息的动作方法如下。（图6-1-2）

（1）头部出水面呼吸2~3 s。

（2）头潜入水中，两臂做2~3个小划手动作。

（3）身体放松，双臂上伸，两腿分开，在水中慢慢吐气6~10 s。

（4）双臂下划，两腿蹬水，抬头出水吸气，然后进入下一个周期动作。每分钟完成6~8次动作循环。

图6-1-2　身体垂直漂浮休息

（三）靠池边自救

（1）遇险情时，千万不可慌张，要保持镇静。采用积极的自我保护方式，在身体条件许可的情况下，努力向池边靠近，同时高声呼救，尽可能节省体力，争取更多的时间等待救援。

（2）靠池边后要尽快找到能扶持支撑自己的固定物，仰卧水面或垂直漂浮水中放松休息，等待救援。

（四）肌肉痉挛自救

肌肉痉挛是游泳运动中经常遇到的一种突发状况。解救肌肉痉挛的有效办法，就是想方设法将痉挛部位的肌肉拉长伸展，然后配合按摩让痉挛缓解。下面介绍几种肌肉痉挛的解救方法。

1. 手指肌肉痉挛解救法

先将手握拳握紧，然后用力伸开，伸直。反复几次痉挛就能消除。（图6-1-3）

①

②

图6-1-3　手指肌肉痉挛解救法

2. 小腿前面肌肉痉挛解救法

先用一只手抓住脚趾，然后用力下按、上扳，反复几次痉挛就能消除。（图6-1-4）

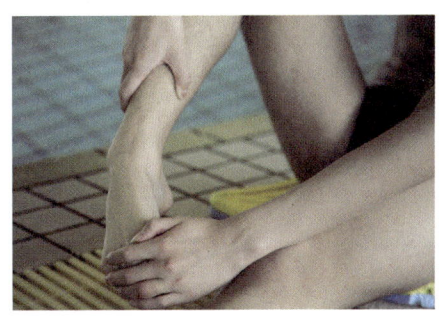
①

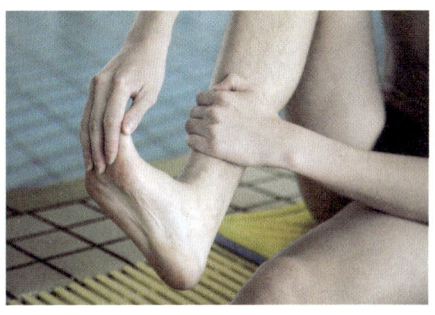
②

图6-1-4　小腿前面肌肉痉挛解救法

3. 小腿后面肌肉痉挛解救法

先伸直患腿，一手按住膝盖或小腿部位，踝关节屈，一手抓住脚趾用力后扳并蹬直患腿（大腿后面肌肉痉挛解救法与此相同），反复几次痉挛就能消除。（图6-1-5）

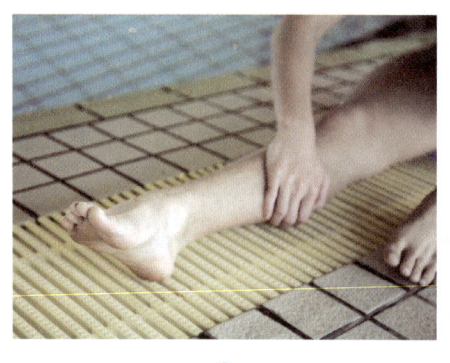

①   ②

图6-1-5　小腿后面肌肉痉挛解救法

4. 脚趾肌肉痉挛解救法

做脚趾伸和屈的动作，反复几次痉挛就能消除（图6-1-6）。

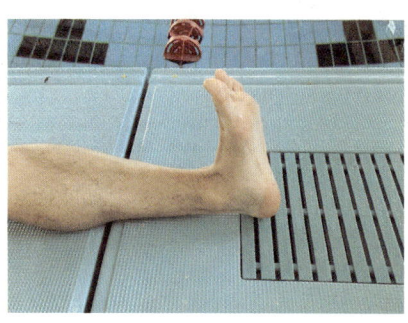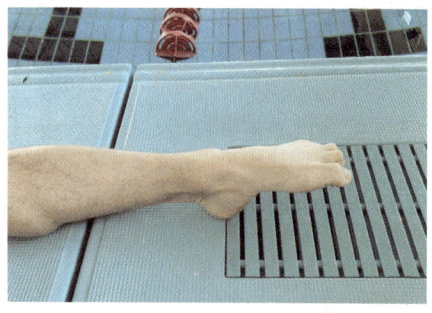

①   ②

图6-1-6　脚趾肌肉痉挛解救法

5. 腹部肌肉痉挛解救法

人体浮在水面全身伸直，腿和头部尽量向后伸挺，拉长腰腹，并用双手配合按摩腹部。反复几次痉挛就能消除。（图6-1-7）

图6-1-7　腹部肌肉痉挛解救法

四、安全标志设置

安全标志牌分为警示牌、告知牌、须知牌，对游泳者可起到提示和警示的作用，是游泳场所必须设置的，是预防游泳场所发生事故的一种行之有效的措施。

（1）警示牌：禁止跳水、禁止嬉水打斗，道滑（禁止跑步）、浅水区、深水区、水深标志牌等。

（2）告知牌：游泳场所示意图，救生员岗位值班图，绿色通道、残疾人通道、救生器材标志牌，各工作室标志牌，水温、室内外气温、pH酸碱度告知牌等。

（3）须知牌：游泳者须知、游泳安全须知、紧急抢救程序须知（紧急抢救宣传牌）等。

第二节　游泳池救生管理

一、救生器材及其管理

救生器材是救生员用于观察并对受伤者、溺水者施救的必备工具，包括救生观察台和其他救生器材。观察台是救生员及时发现事故隐患的瞭望台。

在游泳池救生员中，除了流动岗哨外，其他岗位的救生员都必须坐在观察台上观察巡视，发现问题及时作出判断处理。因此，观察台就是救生员的主要工作岗位，设置时应符合以下条件：

（1）观察台的高度应在1.5 m以上，座位和靠背舒适，便于救生员观察。如果是室外游泳池应设置遮阳棚或伞等设施，保证救生员在全天候条件下值岗。观察台要方便上下。

（2）在标准游泳场所（50×25 m）设置观察台时，应按照救生员观察区域的划分，本着不留盲区与死角的原则，至少设置4个观察台，并使观察台前边与游泳池边沿垂直。

（3）观察台上应配备救生员随手可用的救生器材，如救生圈、救生杆、救生浮标等（图6-2-1）。

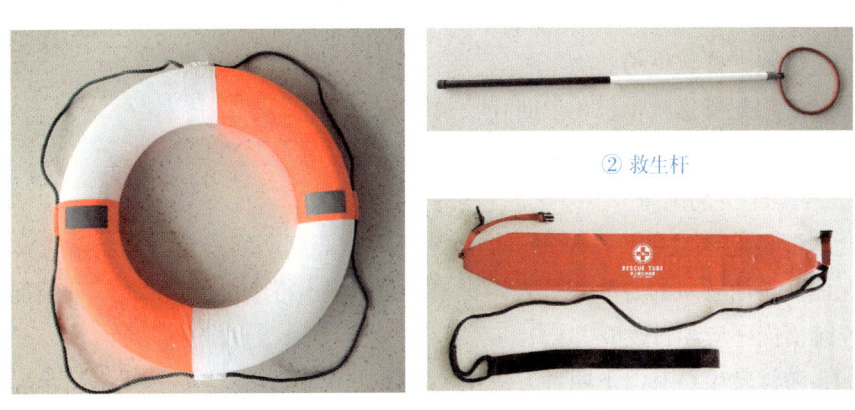

② 救生杆

① 救生圈

③ 救生浮标

图6-2-1　救生器材

（4）要有明显的"观察台"标志，使游泳者一目了然。

二、急救器材、药品及其管理

急救器材、药品是游泳场所必须配置的，且必须是用于急救溺水者和伤病者所需的专业器材和药品，如脊柱固定板，急救氧气瓶，急救包（氧气发生器），肢体固定夹板，人工复苏器，便携式人工呼吸面罩，护颈器，包扎带等，以及常用急救药品。每个游泳场所应设置急救室及两个救护台，有条件的还可配备专业医生。（图6-2-2）

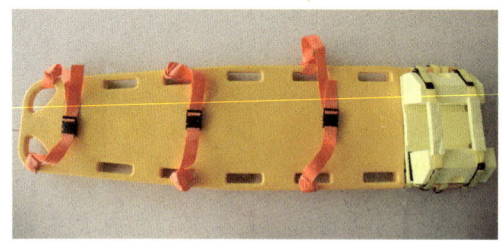
① 脊柱固定板

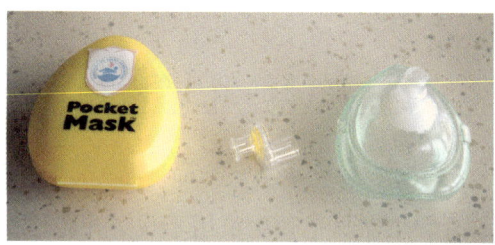
② 氧气发生器

图6-2-2 急救器材

游泳场所的救生器材、急救器材和药品必须由专人负责保管，并且定期进行维护、保养和更新，确保紧急情况下能正常使用。

（1）确定救生器材、急救器材管理与保养的第一责任人和第二责任人，并制订责任制度。

（2）建立救生器材、急救器材管理与保养手册和器材清单。

（3）根据器材产品说明，按时维护更新。

三、救生员的装备及配备

（一）装备及管理

（1）必须穿着统一的救生员服装。

（2）必须配备救生哨。

（3）必须配备急救腰包（单向呼吸阀等）。

（4）可佩戴保护性物品（太阳镜、太阳帽等）。

（二）救生员的配备

合理配备游泳救生员，是每一个游泳场所在开放期间安全、经济、正常运转的有力保证。游泳场所的游泳人员人均有效水面面积不得小于2.5 m²。一般情况下，救生员连续值岗不应超过2 h。

配备游泳救生员有以下两种方法：

1. 按水面面积配备

在标准游泳场所（50 m × 25 m、25 m × 25 m），水面面积在250 m^{2}以下的泳池，应至少配备三名救生员；水面面积在250 m^{2}以上的泳池，应按面积每增加250 m^{2}增加一名的比例配备救生员。在群众性游泳活动的高峰期，应该增加配备流动值岗的救生员。

2. 按所需岗位配备

在非标准的游泳场所（大型娱乐戏水游泳场、儿童戏水池等），应按照直线切割、弧形切割的方法，以及重点布岗、观察区域划分不留盲区与死角的原则配备救生员。在群众性游泳活动的高峰期，应该增加配备流动值岗的救生员。

四、通信器材、联络信号的设置和管理

救生员的联络信号可根据各游泳场所的具体情况设置。联络信号一般分为：手势信号、哨音信号、对讲机联络信号、警铃信号等。

（1）手势信号：一般用于正常情况下救生员之间的交流和报告。手势信号可根据各游泳场所实际情况及习惯加以设置。

（2）哨音信号：用于紧急情况下的联络，也可作为警告信号，警告在水中打斗、嬉水及违规的群体与个人。可用连续短哨音和长哨音对信号加以区分。

（3）对讲机联络信号：使用对讲机联络时，要求联络人之间呼叫语言明确、简短，清晰说明情况。可根据值班岗位编制代码，便于联络。

（4）警铃信号：一种特殊信号，是每场结束时或紧急情况下要求所有场内游泳者起水撤离的信号。

> ✏️ **小提示**
>
> 当场内出现溺水事故时，救生员应立刻拉响警铃，告知场内游泳者出现紧急情况要立即起水。拉响警铃便于救生员抢救溺水者，同时避免因抢救溺水者而发生其他事故。

五、应急预案

各游泳场所应对各种可能发生的事故制订应急预案，责任到人，并经常进行演练。只有这样才能在启动应急预案时从容不迫、井井有条地处理好各类事故。

1. 应急预案的种类

应根据各种可能发生的事故设置预案。

（1）溺水事故预案。

（2）开放性受伤事故预案。

（3）脊柱受伤事故预案。

（4）雷雨天气预案。

（5）地震及其他灾害预案等。

2. 应急预案的内容

（1）紧急情况下信号发布。设定特殊紧急信号，由专人负责发布。如拉响警铃或警笛，全体值班救生员吹响哨子，并用广播系统宣布情况，请游泳者听从指挥、起水撤离等。

（2）确定现场指挥者。制订应急预案时，必须确定现场指挥者。当第一指挥者不在现场时，由第二指挥者接替，保证有人指挥抢救，使应急预案得以有条不紊地实施。

（3）实施抢救人员的分工。实施现场抢救时，必须对现场值班救生员、医务人员进行合理分工，责任到人，紧张而有秩序地实施抢救。

（4）应急安全疏散通道和安全安置地点的设置。游泳场所应最少设置两个应急安全疏散通道，以及能容纳所有游泳者起水后的安全安置地点。通道和安置点的设置必须以安全、快捷为前提，以避免其他事故的发生。

（5）确定事故发言人。在事故发生及处理的整个过程中，所有抢救人员都必须遵守《救生员守则》的规定，不擅自发表个人意见和看法。经事故调查后，由指定发言人对外宣布事故发生情况、处理过程和结果。

案例   紧急溺水事故处理预案

案例地点：游泳池1号区域

抢救程序	实施内容	人员分工	备注
1	发布紧急信号（拉响警铃）	黄毅（安全经理）、李明强（救生组长）	◎ 现场指挥第一人不在场，则由第二人接替指挥 ◎ 拉响警铃或警笛，全体值班救生员吹响哨子 ◎ 用广播系统宣布情况
2	拨打"120"电话，向上级主管部门汇报	6号岗救生员（流动岗）接应并引导"120"工作人员到场	
3	打开游泳池至门口的通道，清理门前的车辆		

续表

抢救程序	实施内容	人员分工	备注
4	溺水者起水、疏散围观人群、维持现场秩序	◎ 5号岗救生员（流动岗）实施 ◎ 3、4、6号岗救生员协助	请游泳者听从指挥起水并撤离到安全地带
5	救生员赴救	◎ 1号岗救生员赴救 ◎ 2号岗救生员负责运送救生板到出事点并协助施救拖带 ◎ 3、4号岗救生员负责岸上接应	
6	现场急救	◎ 值班医生准备好急救用药及器材 ◎ 3、4号岗救生员实施控水、清除口中杂物。 ◎ 1、2号岗救生员负责心肺复苏	◎ 发生脊柱受伤需1、2、3、4号岗救生员共同协力实施 ◎ 值班医生协助，借助药物、器械建立呼吸和心脏起搏 ◎ 实施心肺复苏一直到溺水者清醒，或做到急救人员到达后交医生处理，救生员才能停止心肺复苏抢救
7	事故调查、总结	黄毅（安全经理）	◎ 向现场目击证人了解情况，进行事故调查 ◎ 总结并形成文字材料报有关单位并留档
8	事故发言人	黄毅（安全经理）	报告事故发生情况及处理结果

思考题

1. 什么是安全标志牌？安全标志牌可以分为哪几大类？

2. 如何进行自救？

3. 游泳场所常用救生器材和急救器材有哪些？

4. 配备游泳救生员的方法有哪几种？

5. 什么是应急预案？它可以分为哪几大类？根据应急预案的内容，试起草一份溺水事故应急处理预案。

第七章　游泳救生员的培训与教学

【学习目标】

　　1. 了解游泳救生员培训大纲，理解培训的基本要求。
　　2. 理解游泳救生员教学的基本原则，熟悉并掌握游泳救生课教案的编写、课堂组织及教法。

【章前导言】

　　本章主要介绍了游泳救生员培训的有关标准、要求和游泳救生员教学的组织及原则。其主要内容包括：不同等级游泳救生员培训的基本要求、培训大纲；教学的基本原则、教学的组织、具体教学方法。

第一节   游泳救生员的培训

一、游泳救生员培训的基本要求

1. 培训期限

根据救生员不同等级、培养目标、教学大纲、教学内容和计划确定培训期限：初级救生员不少于40个标准学时，中级救生员不少于36个标准学时，高级救生员不少于32个标准学时。

2. 教师资格

救生员必须经过培训、考核，获得救生员职业资格教师证者方能担任。

3. 场地设施、设备及人员配置

（1）理论课应在标准教室内进行。

（2）水上教学应在标准游泳池（场、馆）中进行。

（3）应配备足够数量的教学用具和救生器材。如心肺复苏模拟人、急救板、颈托、救生假人、救生浮标、口对口人工呼吸膜或单向呼吸阀、自动体外除颤器等。

（4）实操课按1∶15配置教师（教练）和器材。

二、游泳救生员培训大纲

（一）培训任务

1. 初级救生员

学习救生基础知识，通过实际操作技能训练，掌握初级救生员所需要的知识和相应的救生操作技能。

2. 中级救生员

学习救生专业理论和操作技能，学会组织实施救生任务，掌握培训初级救生员所需的组织、教学能力；能够向初级救生员讲解、示范技术动作和要领。

3. 高级救生员

全面学习和掌握救生专业理论知识和教学原理；能够编写培训计划、教案；能够向中级救生员讲授游泳救生专业理论知识和技能；能够编写救援预案并组织实施；能够熟练地使用先进救生设备进行施救。

（二）培训内容

1. 理论部分（表7-1-1）

表 7-1-1　不同级别游泳救生员的教学要求（理论部分）

章节	教学内容	初级	中级	高级
第一章	游泳救生员职业概述	▲	▲	▲
第二章	救生游泳的基本技术	★	▲	
第三章	游泳救生的观察与判断	★	▲	
第四章	游泳救生的赴救技术	★	★	▲
第五章	游泳救生的现场急救	▲	★	★
第六章	游泳公共卫生和安全常识及游泳池救生管理	▲	★	★
第七章	游泳救生员的培训与教学		▲	★
第八章	法律法规基础知识	▲	▲	▲

注："★"为重点教学内容；"▲"为复习内容和次要内容。

2. 技能部分（表7-1-2）

表 7-1-2　不同级别游泳救生员的教学要求（技能部分）

章节	教学内容	初级	中级	高级
第二章	救生游泳的基本技术	★	▲	
第四章	游泳救生的赴救技术	★	★	▲
第一节	游泳救生的间接赴救技术	★		
第二节	游泳救生的直接赴救技术 （一）救生浮标救援技术 1. 入水技术 2. 接近技术 3. 拖带技术 4. 上岸技术 （二）徒手救援技术 1. 入水技术：跨步式、蛙腿式、鱼跃浅跳式及其他方式 2. 接近技术：背、侧、正、沉底 3. 解脱技术： 初级：陆上解脱 中级：水中解脱 4. 拖带技术：托腋、夹胸 5. 上岸技术	★	★	▲

续表

章节	教学内容	初级	中级	高级
第五章	游泳救生的现场急救	★	★	★
	现场急救（基本急救技能） 1. 现场急救技术 2. 检查与判断 3. 高声呼救 4. 急救体位 5. 打开气道			
	心肺复苏法（初级：徒手） 1. 人工呼吸 2. 人工循环			
	心肺复苏法（中级：呼吸面罩） 1. 人工呼吸 2. 人工循环			
	自动体外除颤器的使用（中／高级）		★	★
	脊柱损伤与常规处理 急救板和颈托在陆上的使用方法：中级 急救板和颈托在水中的使用方法：高级		★	★

注："★"为重点教学内容；"▲"为复习内容和次要内容。

3. 培训学时分配（表7-1-3）

表 7-1-3　游泳救生员培训学时数分配

级别	理论部分／学时	技能部分／学时	总课时数／学时
初级救生员	12	28	40
中级救生员	18	18	36
高级救生员	24	8	32

第二节　游泳救生员的教学

一、教学的基本原则

教学原则是指导教学工作的基本准则，是根据教育教学目的和教学规律提出的教学工作必须遵循的基本原则，是有效组织教学活动的指导原理，是在总结教学实践经验的基础上根据一定的教学规律而制定的。在教学中，应遵守以下六项基本原则：

1. 目标性原则

目标性原则是指在教学活动中要有明确的目标要求，以学员为行为主体，制定符合实际的教学目标，有计划地组织教学，避免教学上的盲目性。明确的教学目标，体现了教学的性质，指明了教学方向，它是教学的出发点和归宿，指导着教学内容的选择、教学方法的选择和运用，又是检查教学效果的依据。

2. 直观性原则

直观性原则是指在教学中，要充分利用各种直观方式和手段，借助媒体、教具的演示，创设直观的问题情景，借助丰富而有激情的语言，发挥学员各种感觉器官的作用，启发学员积极思考，认真参加练习，使其掌握救生知识、技术和技能，并培养其观察和思维能力。

3. 因材施教和区别对待原则

因材施教原则是指教师在教学中，既要面向全体学员，提出统一要求，又要根据不同等级和学员的个体差异区别对待，把集中教学和个别指导结合起来，使每个学员的才能和特长都得到充分发展。

在实际教学过程中，学员来源不同，有退役运动员、高校体育专业学生，也有社会热心公益事业、热爱救生工作的各年龄段人员。他们所受的文化教育程度不同，游泳水平和运动能力等方面素质相差很大，必须根据每个学员的实际水平，在教学过程的各阶段，采用不同的方法、手段来指导其学习。

4. 循序渐进原则

循序渐进原则是指教学内容、教学方法和负荷的安排顺序，必须遵循系统性和连贯性的要求，要符合学员实际水平和接受能力。在教学中，要遵循由浅到深、由低到高、由易到难的要求。贯彻循序渐进原则应做到：

（1）精心设计每个教学环节，明确各个教学环节的目标，选择最佳的方法及手段，使学科知识的呈现生活化、生动化，由形象逐步过渡到抽象，使操作技能与逻辑思维的发展有机结合，让学员的想象能力与创造能力都有所发展。

（2）每个教学环节过渡自然，承上启下。每个教学环节除其原有的目标外，还应是下一个教学环节的基础和铺垫，是上一个教学环节的提高和升华。

5. 巩固提高原则

巩固提高原则是指在教学中，应根据大脑皮层条件反射形成和消退的原理，采用反复练习，提问、测验、竞赛，改变练习条件，增加练习难度等方法，使学员牢固掌握所学的基础知识、基本技术和技能，并逐步提高，直至熟练运用。

6. 精讲多练原则

"精讲"是指教师根据教学目的、要求和学员的实际，用简练的语言对理论知识和技术的重点、难点，作精辟的讲解，使学员能从复杂的技术中理出头绪，抓住中心，明确其核心和关键。

"多练"是指教学中，教师应多给学员练习的机会，并加以指导。目的是引导学员通过"练"，达到理解、巩固所学知识和培养学生分析、解决问题的能力。"多练"是知识转化为能力的关键，讲和练是对立统一的，为完成教学任务，既要讲，也要练。

二、游泳救生课教案的编写

教案是教师按照预定的教学目标和计划，根据教育学原理，经过全面准备和认真思考所写的教学设计方案。高质量的教案，对教学起着重要的指导作用，是提高教学质量不可缺少的组成部分。

（一）教案编写基本要求

教案的编写要在认真、充分备课的基础上进行。

备课应做到"三备"：备教材（教学计划、教材）、备学员（了解学员的基础能力和水平）、备教法（练习方法、手段、重复次数和强度）。教案要写清楚授课班级、教学内容、时间、周次、课堂类型、所用教具等基本要求，以及教学目标、教学重点与难点、教学方法的选择、主要教学内容和练习布置、练习的组织形式、课后小结等，具体要求如下：

（1）一课一教案。要写清楚任务、内容、日期。

（2）教学目标制定应完整准确。确定的教学目标应与教学大纲和教材的设计相一致。

（3）确定授课重点、难点应恰当、具体，保证授课详略得当，重点突出，有效利用教学时间。

（4）在编写教案每个章节前要进行详细、认真地分析，包括：学员已经具备的知识基础、能力基础与在训练中可能产生的困难。要根据不同的教学内容、课程类型和学员的实际情况精心设计教学方法，尤其是教学重点、难点的教学方法，分解练习和诱导练习手段应详细写入教案。

（5）实践课教案中要有一定比例练习内容。这些内容应有利于学员学习、巩固所学技能，同时，注意做到讲解与示范结合、讲解与讨论结合、讲解与多媒体结合等。练习的难度、强度和次数要符合学员的能力。

（6）每次课后，要对本次课进行概括性小结。应及时总结授课中的体会，找出本次授课的优缺点，以利于下一轮授课。如时间分配和练习手段是否合理，重点是否突出，难点是否突破等，并就相应问题提出解决的对策、办法、思路。

（二）教案示例（表7-2-1）

表7-2-1　教案示例

班级		课目	上课日期	年　月　日　时
课的任务		1. 学习肩背运送技术 2. 复习、改进上岸技术 3. 发展耐力素质，巩固蛙泳技术		
课的部分	时间分配/min	课的内容	练习的距离与次数	组织教法与教学要求
开始部分	5	讲解本次课的主要内容和要求		整队，点名
准备部分	20	（略）		
基本部分	55	一、学习肩背运送技术 1. 徒手弓步抄裆转腰	6次	讲解技术要领与示范 四列横队 练习方法：按口令1—弓步下蹲 　　　　　2—右下抄 　　　　　3—转腰 　　　　　4—起立 要求：身体重心要低，上体挺直不弯腰，靠腰部的转动背起溺水者起立
		2. 双人练习	6次	组织：2人一组（体重相近） 练习方法：同上 要求：同上
		二、复习上岸技术		讲解上一次出现的问题和需要注意的技术要点
		1. 双人上岸	4次	3人一组
		2. 单人上岸	4次	2人一组
		三、蛙泳长游练习	2×200 m	组织：每泳道8人，间隔10 s出发一人 要求：中等速度，不能停顿，每组间隔1 min
结束部分	10	（略）		
小结				

三、游泳救生课的组织教法

安排一堂游泳救生课的组织教法，要明确以下内容：

（一）明确制定组织教法的依据

（1）根据教学大纲、教学进度的要求，明确教学内容、教学要求、教学时数和考核要求及标准。

（2）上课的对象与场地，包括授课对象的年龄、基础水平、综合能力、人数、场地情况（如面积、池水的深度等）。

（3）教案。依据教案考虑组织教法，准备必要的教学器具。

（二）明确课的任务

（1）首先要明确本次课教学和复习的内容，以及要解决的问题和目标。

（2）任务的用词要确切。如：新授内容一般用"学习""进一步学习"，也可以用"初步掌握""掌握"；复习内容一般用"掌握""进一步掌握"；对有些较复杂的或主要的技术动作需要多次练习的，可以用"改进""提高""巩固"等。

（三）明确课的组成部分及内容

一堂游泳救生课由开始部分、准备部分、基本部分和结束部分组成。

（1）开始部分：包括整队、点名、宣布课的内容及重点，以及提醒要注意的事项。

（2）准备部分：主要任务是"热身"，通过各种热身活动调动身体各系统，做好完成基本部分任务的准备。如陆上体操，与课的内容有关的活动、游戏等。

（3）基本部分：课任务的主要部分，要围绕课任务组织安排各种练习内容。

（4）结束部分：主要是安排放松活动，也可以先做一些身体素质练习，再安排放松。

四、游泳救生课的讲解和示范

1. 讲解

讲解是教师运用正确的语言启发学员的思维，促进学员对动作技术、技能掌握的基本方法。在进行技术教学时，教师必须先讲解，使学员明确技术动作的要领和练习方法后再进行学习。在讲解时，要注意以下几点：

（1）生动形象：用生动形象的语言描述技术动作，使学员对技术动作有一个粗略的印象。比喻要形象，如鞭状打水、"八一式"入水等。

（2）简明扼要：讲解力求精简，抓住关键，要精讲，只有精讲才能有时间给学员多练。

（3）讲解与示范紧密结合：教学中讲解与示范必须相互配合，相辅相成。要以生动形象的讲解配合正确的示范动作，使学员的直观感觉和思维紧密地结合起来。

2. 示范

示范是游泳救生教学中最常用、最直接、最有效的教学方法。

（1）示范队形的组织与教师的位置。示范时的位置直接影响学员观察动作的效果，应注意组织和选择，使每个学员都能看到和听到教师的示范与讲解。示范常采取以下队形（图7-2-1）：

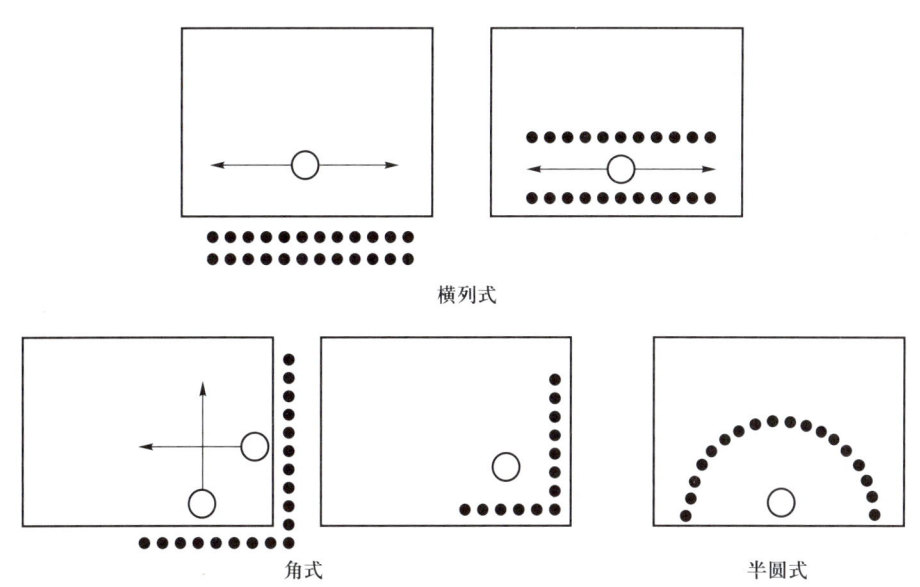

横列式

角式　　　　　　　　　　　　半圆式

图7-2-1　示范队形的组织与教师的位置
（注：○—教师，●—学员）

> ✎ 小提示
>
> 　　示范要主次分明，示范前要使学员明确观看的重点和次序。先做完整动作的示范，再进行分解动作的示范。做分解示范时，一定要让学员看清技术重点和要点。

（2）示范的面。根据示范时朝向的不同，可分为正面、侧面和背面示范。应根据所示范动作的技术特点选择适合的示范面。比如：为了能看清楚蛙泳划臂的宽度、入水点等，采取正面示范效果较好；为了能看清楚跨步式入水、拖带技术，采取侧面示范效果较好；而蛙泳腿部的翻脚动作和蹬夹动作，采用背面示范效果较好。

（3）示范的速度。以中速和慢速为宜，便于学员看清。

（4）正误对比示范。在纠正错误技术时，为了使学员了解自己的错误，教师可对学员的错误技术进行模仿，也可让有同样错误动作的学员示范，然后再进行正确的动作示范，通过正误示范对比，让学员加深对正确动作的了解和认识，提高自己的技术水平。

五、游泳救生教学中应注意的问题

（1）由于生源不同，专业基础不同，在制定教学计划时，应安排部分机动课时。在安排教学、培训工作时，可根据本培训点的实际情况，在教学计划机动课时范围内作适当的调整。

（2）游泳救生课程是一门技能性较强的课程，教学中，在注意提高专业理论水平的同时，应加强对培训对象实际操作能力的培养，注意加强专业技能的训练。

（3）游泳救生课程大部分实践课在游泳池（场、馆）进行，在上实践课时，应安排救生员值岗，以防万一。

（4）在进行现场急救、自动体外除颤器（AED）训练时，如果采用带电源的教学器材，需注意用电安全。

思考题

1. 简述游泳救生员教学的原则。
2. 简述游泳救生员培训的基本要求。
3. 简述游泳救生教学中应注意的问题。
4. 简述游泳救生教学中讲解时应注意的问题。
5. 简述游泳救生教学中示范时应注意的问题。

第八章　法律法规基础知识

【学习目标】

1. 了解劳动合同的类型、劳动合同解除的法律后果、合同的形式、体育从业人员资格认定制度。

2. 熟悉劳动合同试用期的规定、合同的生效要件、消费者的权益和经营者的义务、从事高危险性体育项目经营活动的条件。

3. 掌握劳动者的基本权利及义务、合同的法律效力、违反合同应承担的民事责任、消费争议解决的方式。

【章前导言】

要成为一名合格乃至优秀的游泳救生员，必须掌握相关的法律法规知识。作为游泳场馆的一名员工，要了解自身作为一名劳动者应享有的权益和应履行的义务。作为一名普通公民，在与他人有商业往来时要了解民事合同的成立及生效要件以及违约的救济方式。作为游泳场馆服务的提供者，要了解消费者的基本权利以及经营者的基本义务。作为高危险性体育项目经营活动的从业者，要了解国家对高危体育项目经营者的基本要求。

第一节   劳动法基础知识

劳动法是调整劳动关系的法律。在市场经济条件下，我国的劳动关系发生了巨大的变化：劳动关系复杂多样，劳动关系合同化和契约化，劳动关系法律化及劳动力资源配置市场化等。这一系列变化使劳动法越来越显示出其重要性。作为一名游泳救生员，应该重点掌握劳动者的基本权利、劳动合同的签订等法律知识。

一、劳动者的基本权利和义务

（一）劳动者的基本权利

依据《中华人民共和国劳动法》（以下简称《劳动法》）相关规定，劳动者享有以下权利：

（1）平等就业权：劳动者不论民族、种族、性别、宗教信仰等差别都享有平等的就业权。

（2）自由选择职业权：劳动者有不受地域、行业、单位、岗位等因素的影响，根据自己的兴趣爱好自由选择职业的权利。

（3）自由缔结劳动合同权：劳动者可按照自己的意愿和用人单位缔结劳动合同，并可和用人单位约定劳动合同的内容。

（4）按时足额取得劳动报酬的权利。

（5）休息、休假的权利：劳动者享有充分的休息权和休假权。

（6）劳动安全卫生和劳动保护的权利：劳动者在劳动过程中有获得充分的劳动安全卫生条件和劳动保护的权利。

（7）职业技能培训和文化素质教育的权利：劳动者享有接受职业技能培训和文化素质教育的权利。

（8）享有社会保险和社会福利的权利。

（9）参与用人单位民主管理权：劳动者有参与用人单位经营管理的权利。

（10）参加和组织工会权：劳动者有通过参加或组织有关劳动者团体以更好地维护自身利益的权利。

（11）信息和磋商权：劳动者享有获得充分的关于劳动的各种信息并享有和用人单位充分磋商的权利。

（12）提请劳动争议处理的权利：劳动者在发生劳动争议或者劳动权利受到侵害后，有向劳动仲裁机构、法院等部门请求救济的权利。

（13）与劳动相关的其他权利。

（二）劳动者的基本义务

我国《劳动法》第三条规定：劳动者应当完成劳动任务，提高职业技能，执行劳动安全卫生规程，遵守劳动纪律和职业道德。这要求劳动者在劳动过程中应当遵守有关规章制度和纪律，遵守职业道德，不断提高自身的劳动技能，根据用人单位的合理要求完成劳动任务。

二、劳动合同

劳动合同的当事人是劳动者和用人单位，劳动合同设立的目的在于确立、变更、解除以及终止劳动关系。劳动者和用人单位通过订立劳动合同建立劳动关系，劳动合同的订立是劳动者与用人单位协商一致的结果。

（一）劳动合同的种类

依据不同的标准，可以对劳动合同作不同的分类。

（1）固定期限劳动合同、无固定期限劳动合同和以完成一定工作任务为期限的劳动合同。

（2）口头劳动合同与书面劳动合同。

（3）全日制劳动合同与非全日制劳动合同。

（二）劳动合同的解除

劳动合同的解除是指劳动合同订立后，尚未全部履行以前，由于某种原因导致劳动合同一方或双方当事人提前消灭劳动关系的法律行为。

依据解除主体的不同，可以将劳动合同解除分为单方解除和双方解除。

（1）单方解除是指劳动合同订立后，尚未完全履行前，依当事人一方的意思表示，即可单方解除劳动合同。

（2）双方解除即协议解除，是劳动合同双方当事人在不违反国家法律、法规强制性规定的情况下，自愿协商解除劳动合同的行为。

劳动合同一经解除，双方当事人的劳动关系即告消灭。劳动关系解除后，除符合法定条件外，用人单位应当向劳动者支付经济补偿金。劳动者应当按照双方约定，遵循诚实信用原则办理工作交接。劳动者提前解除劳动合同的，应按照法律规定和合同约定，承担违约金。劳动者未按照法律规定解除劳动合同，或者违反劳动合同约定的保密义务或竞业禁止限制给用人单位造成经济损失的，应当承担赔偿责任。

三、关于试用期的规定

劳动合同期限不同，试用期的长短也不同。劳动合同期限3个月以上不满一年的，试用期不得超过一个月；劳动合同期限一年以上不满3年的，试用期不得超过两个月；3年以上固定期限和无固定期限的劳动合同，试用期不得超过6个月。

同一用人单位与同一劳动者只能约定一次试用期。而且在以完成一定工作任务为期限的劳动合同中，或者劳动合同期限不满3个月的，不得约定试用期。劳动合同仅约定试用期的，试用期不成立，该期限为劳动合同期限。

现实生活中，有些用人单位往往对于试用期内的劳动者不签订正式的劳动合同，而经常会等到劳动者"转正"以后，再签订劳动合同。必须说明，用人单位的这种做法是错误的，即使在试用期内不签订劳动合同，试用期的期限仍然是计入劳动合同期限内的。

劳动者在试用期的工资不得低于本单位相同岗位最低档工资或者劳动合同约定工资的80%，并不得低于用人单位所在地的最低工资标准。用人单位应当为试用期内的劳动者缴纳社会保险。

下面介绍的是一份劳动合同范本。

游泳救生员劳动合同书（参考文本）

甲方（用人单位）名称：_____

住所：_____

法定代表人（委托代理人）：_____

联系电话：_____

乙方（救生员）姓名：_____

性别：_____

住址：_____

居民身份证号码：_____

联系电话：_____

甲、乙双方根据《中华人民共和国劳动合同法》和有关法律、法规规定，在平等自愿、公平公正、协商一致、诚实信用的基础上，签订本合同。

一、劳动合同期限

第一条　甲乙双方约定按下列____种方式确定"劳动合同期限"：

A. 有固定期限的劳动合同自____年____月____日起至____年____月____日止。并约定试用期自____年____月____日起至____年____月____日止。

B. 无固定期限的劳动合同自____年____月____日起。并约定试用期自____年____月____日起至____年____月____日止。

二、工作地点

第二条　甲乙双方约定劳动合同履行地点为_____。

三、工作内容

第三条　乙方根据甲方要求，经过协商，从事游泳救生工作。具体工作内容包括：_____

四、工作时间和休息休假

第四条　甲乙经协商确认执行____条款，平均每周工作不超过四十小时。

A. 甲方实行每天____小时工作制。

具体作息时间，甲方安排如下：

每周周____至周____工作，上午_____，下午_____。

每周周____为休息日。

B. 甲方实行三班制，安排乙方实行____班____运转工作制。

第五条 甲方严格遵守法定的工作时间，控制加班加点，保证乙方的休息与身心健康。甲方因工作需要必须安排乙方加班加点的，应与工会和乙方协商并征得其同意，依法给予乙方补休或支付加班加点工资。

第六条 甲方依法为乙方安排带薪年休假，具体休假时间双方协商决定。

五、劳动保护和劳动条件

第七条 甲方必须为乙方提供符合国家规定的劳动安全卫生条件和必要的劳动防护用品。

第八条 甲方按照国家关于女职工、未成年工的特殊保护规定，对乙方提供保护。

第九条 乙方患病或非因工负伤的，甲方按照国家关于医疗期的规定执行。

六、劳动报酬

第十条 甲方应当每月至少一次以货币形式支付乙方工资，不得克扣或者无故拖欠乙方的工资。乙方在法定工作时间或依法签订劳动合同约定的工作时间内提供了正常劳动，甲方向乙方支付的工资不得低于当地最低工资标准。

第十一条 甲方承诺每月____日为发薪日。

第十二条 乙方在试用期内的工资为每月____元。

第十三条 经甲乙双方协商一致，对乙方的工资报酬选择确定____条款：

A. 乙方的工资报酬按照甲方依法制定的规章制度中的内部工资分配办法确定，根据乙方的工作岗位确定其每月工资为____元。

B. 甲方对乙方实行基本工资和绩效工资相结合的内部工资分配办法，乙方的基本工资确定为每月____元，以后根据内部工资分配办法调整其工资；绩效工资根据乙方的工作业绩、劳动成果和实际贡献按照内部分配办法考核确定。

第十四条 甲方根据本单位经营效益、当地政府公布的工资指导线、工资指导价位等，合理提高乙方工资。乙方的工资增长办法按照工资集体协商协议/内部工资正常增长办法确定。

七、社会保险和福利待遇

第十五条 双方依法参加社会保险，按时缴纳各项社会保险费，其中依法应由乙方缴纳的部分，由甲方从乙方工资报酬中代扣代缴。

第十六条 甲方应当依法为乙方缴纳各项社会保险费，并每年向职工公布本单位全年社会保险费缴纳情况，接受职工监督。

第十七条 如乙方发生工伤事故，甲方应负责及时救治，或提供可能的帮助，并在规定时间内，向劳动保障行政部门提出工伤认定申请，为乙方依法办理劳动能力鉴定，并为其享受工伤医疗待遇履行必要的义务。

第十八条 双方协商一致，约定下列____条款：

A. 甲方同意为乙方办理补充养老保险（企业年金）和补充医疗保险，具体标准为：_____

_____

B. 甲方依法执行国家有关福利待遇，并同意为乙方提供如下福利待遇：

_____

_____

C. 甲乙双方需要约定的其他事项：_____

_____

八、劳动争议处理

第十九条 劳动合同依法订立，即具有法律约束力，双方应当全面履行，并严格执行劳动合同的变更、解除、终止、续订和给付经济补偿的规定。

第二十条 甲乙双方因履行本合同发生劳动争议，可以协商解决。不愿协商或者协商不成的，可以向本单位劳动争议调解委员会申请调解；调解不成的，可以向劳动争议仲裁委员会申请仲裁。甲乙双方也可以直接向劳动争议仲裁委员会申请仲裁。提出仲裁要求的一方应当自劳动争议发生之日起六十日内向劳动争议仲裁委员会提出书面申请。对仲裁裁决不服的，可以自收到仲裁裁决书之日起十五日内向____人民法院提起诉讼。

第二十一条 甲方违反劳动法律、法规和规章，损害乙方合法权益的，乙方有权向劳动保障行政部门和有关部门投诉。

九、其他事项

第二十二条 劳动合同期内，乙方户籍所在地址、现居住地址、联系方式等发生变化，应当及时告知甲方，以便于联系。

第二十三条 本合同未尽事宜，均按国家有关规定执行，国家没有规定的，通过双方平等协商解决。

第二十四条 本合同不得涂改。

第二十五条 本合同一式两份，具有同等法律效力，甲乙双方各执一份。

甲方法定代表人签名： 乙方签名：

甲方盖章：

签章日期： 签名日期：

案例 劳动合同与劳务合同的区别与认定——员工工作性质的判断标准

一、案情

2011年3月，郑某某应聘到北京卢××公司，主要为该公司介绍客户及招聘游泳学员。2012年8月14日，郑某某在打扫卫生期间不慎摔倒，造成左膝关节髌骨骨折。其后一直在家休息，公司未对其进行赔偿。2012年11月7日，郑某某以北京卢××公司为被申请人向北京市丰台区劳动争议仲裁委员会申请仲裁，要求确认2011年4月至今与该公司存在劳动关系。丰台区劳动争议仲裁委员会裁决郑某某与北京卢××公司存在事实上的劳动关系。2013年8月，北京卢××公司起诉至丰台法院。

北京卢××公司认为，仲裁裁决混淆了一般劳动关系和劳务关系的区别。郑某某系公司应暑期培训学员较多的需要而临时雇佣的，不能简单地认定为劳动关系，故仲裁裁决适用法律错误。再有，郑某某的证据如健康证、培训合格证、救生员证等不足以证明存在劳动关系。

郑某某辩称：① 我与卢××公司存在事实上的劳动关系。我应聘的主要工作就是为卢××公司介绍客户及招聘游泳学员。由于游泳馆工作属于特种行业，我还取得了"卫生法规知识培训合格证""游泳救生员资格证""游泳社会体育指导员（游泳）资格证"等证书。② 卢××公司否定我在工作中受伤与事实不符，我确属因工作受伤。③ 卢××公司不与职工签订劳动合同属于逃避责任和违法行为。

二、判决

一审法院审理认为：郑某某主张其于2011年3月至2012年8月14日在卢××公司先后从事救生员、教练员工作，双方建立事实劳动关系；卢××公司主张郑某某系其公司暑期短期游泳教练，双方之间系劳务关系。根据郑某某提供的北京市公共卫生从业人员健康检查证明、深水合格证、卫生法规知识培训合格证、游泳救生员资格证、体育行业国家职业资格考试报名表、社会体育指导员（游泳）资格证以及卢××公司提供的支出凭单等证据，并结合卢××公司的经营范围等情形，法院对郑某某的主张予以采信。因郑某某同意丰台区劳动争议仲裁委员会作出的京丰劳仲字〔2013〕第××号裁决书的裁决结果，故一审法院确认郑某某与卢××公司自2011年4月起存在事实劳动关系。综上，一审法院于2014年5月判决：① 郑某某与卢××公司自2011年4月起存在事实劳动关系。② 驳回卢××公司要求确认其公司与郑某某不存在劳动关系的诉讼请求。

卢××公司不服一审判决，持其原诉理由上诉至北京市第二中级人民法院。二审法院经审理，判决驳回上诉，维持原判。

第二节   合同法基础知识

在我国，合同法是调整平等主体之间的交易关系的法律，它主要规定合同的订立、合同的效力及合同的履行、变更、解除、保全、违约责任等问题。作为一名游泳救生员，应该重点掌握合同的订立、合同的生效要件、合同的法律效力以及违反合同应承担的民事责任等知识。

一、合同的概念和特征

合同包括民事合同、行政合同等多种类型。本文所提的合同，专指民事合同。《中华人民共和国民法通则》第八十五条规定：合同是当事人之间设立、变更、终止民事关系的协议。合同作为一种民事法律行为，是当事人协商一致的产物，是两个以上的意思表示相一致的协议。只有当事人所作出的意思表示合法，合同才具有法律约束力。依法成立的合同从成立之日起生效，具有法律约束力。合同和契约尽管在国外的某些立法和我国旧民法中是两个不同的概念，但现在一般认为，合同就是契约，契约就是合同，两者是同一概念。

合同具有如下法律特征：

（1）合同是一种民事法律行为，合同以意思表示为要素，并且按意思表示的内容赋予法律效果。

（2）合同是两方或多方当事人意思表示一致的民事法律行为，合同的成立有两方或多方当事人，他们相互意思表示，并且意思表示一致。

（3）合同是以设立、变更、终止民事权利义务关系为目的的民事法律行为。

二、合同的订立、成立和生效

（一）合同的订立

合同的订立就是合同当事人进行协商，使双方的意思表示趋于一致的过程。合同的订立又称合同的签订，包括要约与承诺两个阶段。

要约指一方当事人以缔结合同为目的，向相对人所作的意思表示。发出要约的称为要约人，接受要约的人称为受要约人、相对人或承诺人。要约可以用口头的形式，也可以用书面的形式。

承诺是指受要约人以缔结合同为目的，向要约人作出的完全接受要约内容的意思表示。承诺的法律效力在于一经承诺并送达于要约人，合同便宣告成立。

合同法规定，合同有两种形式，一是书面合同，二是口头合同，除了法律规定的要式合同必须以书面订立外，都可以采取口头的形式。口头形式一般适用于即时结清、金额不大、内容不复杂的合同关系。合同书以及记载当事人要约承诺和权利义务内容的文件，都是合同的书面形式的具体体现。

（二）合同的成立

合同的成立是指合同因符合一定的法定要件而被法律认为客观存在。合同的成立主要具有以下特征：合同的成立是指合同在法律上被认为是一种客观存在的事实；合同的成立须符合一定要件，即必须具备法定或约定的构成要素。

1. 合同成立的要件

（1）存在双方当事人。合同是一种双方民事法律行为，因而合同的成立须存在双方当事人。

（2）当事人须对合同的最基本内容达成合意。

小提示　　　　合同成立的标志和基本内容

◎ 合同成立的根本标志是当事人意思表示的一致，即达成合意。当事人的合意应包括合同的最基本的内容，否则合同没有任何实质内涵，也失去其意义。

◎ 合同的最基本内容，一般是指足以确定合同法律关系的性质以及当事人基本法律关系的条款。缺乏该内容，将使合同缺乏明确的外观，当事人无法确定其权利义务关系，法律无法对其进行评价和干预。

2. 合同成立的时间

在非要式合同中，合同自承诺生效时成立。在要式合同中，其成立时间为完成特定手续的时间。但是，法律有特别规定或当事人有特别约定的，应从其约定。

3. 合同成立的地点

合同的成立地点在实体法和程序法上具有重要的意义。因此，确定合同的成立地点也就有了极大的价值。

合同的成立地点因要式合同和非要式合同而有不同。要式合同应以完成特别手续的地点为成立地点，非要式合同应以承诺生效的地点为合同成立地点。

（三）合同的生效

合同的生效是指合同具备一定的要件便能产生当事人预期的法律效果。

合同的成立与合同的生效是两个不同的法律概念。在一般情况下，合同的成立与合同的生效在时间上是一致的。但是，不一致的情况也时有发生。例如，附条件的合同即是如此。除此之外，合同具备法定条件即可成立。但是，是否产生法律效力，则非当事人意志所能左右。一项有效成立的合同，并不必然得到法律的保护，欲得到法律的保护，还应具备法律所规定的生效要件。

按《合同法》的有关规定，合同的一般生效要件包括：

（1）订立合同的当事人应该具有相应的民事行为能力。

（2）意思表示真实。

（3）合同不违反法律或者社会公共利益。

小提示　　　　　合同无效、变更或撤销

《合同法》第52条规定了有下列情形之一的，合同无效：

◎ 一方以欺诈、胁迫的手段订立合同，损害国家利益。

◎ 恶意串通，损害国家、集体或者第三人利益。

◎ 以合法形式掩盖非法目的。

◎ 损害社会公共利益。

◎ 违反法律、行政法规的强制性规定。

《合同法》第54条还规定了下列合同，当事人一方有权请求人民法院或者仲裁机构变更或者撤销：

◎ 因重大误解订立的。

◎ 在订立合同时显失公平的。一方以欺诈、胁迫的手段或者乘人之危，使对方在违背真实意思的情况下订立的合同，受损害方有权请求人民法院或者仲裁机构变更或者撤销。当事人请求变更的，人民法院或者仲裁机构不得撤销。

三、合同的违约及其救济

合同的违约责任又称违反合同的民事责任，是指合同当事人不履行合同的义务或者履行合同的义务不符合约定时所承担的法律后果。违反合同约定应承担的民事责任主要包括：

1. 支付违约金

违约金是指合同当事人不履行合同债务时根据法律规定和合同的约定向对方当事人支付的一定数额的金钱。支付违约金是合同债务人违反合同时，应当向对方支付约定或法定的一定实物、金钱的责任形式，此种责任形式只有在当事人有明显约定或有规定时才适用，否则就只能适用损害赔偿的民事责任形式。

2. 赔偿损失

赔偿损失是指违约方不履行合同而给他方造成损失时，为了弥补受害人的损失而向受害人支付一定数额金钱的责任方式。损害赔偿具有补偿性，即填补、弥补对方当事人因此所受的损失。

3. 强制实行履行

强制实行履行又称为实际履行、特定履行、继续履行，是违约方不履行合同债务或者履行合同债务不符合约定时，由法院强制违约方依照合同履行的责任方式。

第三节　消费者权益保护法基础知识

消费者权益保护法是以保护消费者权益为宗旨的法律。该法以专门章节来规定消费者的权利，重视对消费者的群体性保护，还以专门章节规定了消费者组织的法律地位。同时该法特别强调经营者的义务，鼓励、动员全社会为保护消费者合法权益共同承担责任，对损害消费者权益的不法行为进行全方位监督。

根据《中华人民共和国消费者权益保护法》（以下简称《消费者权益保护法》）的规定，消费者是指为生活消费需要而购买、使用商品或接受服务的人。消费者的消费在性质上属于生活性消费，生产性消费由其他法律、法规调整。消费者权益保护法的适用范围：

（1）消费者为生活消费需要购买、使用商品或者接受服务，其权益受该法保护。

（2）经营者为消费者提供其生产、销售的商品或者提供服务，应当遵守该法。

（3）在《消费者权益保护法》对某些问题未作规定时，经营者应当遵守其他有关法律、法规。

（4）农民购买、使用直接用于农业生产的生产资料，参照本法执行。

小提示

消费者权益保护法与传统民商法的一个明显区别就是，后者强调主体之间的地位平等，强调权利义务对等；前者侧重于保护消费者，对经营者给予一定的限制，在权利义务的规定上，仅规定了消费者的权利和经营者的义务而没有规定经营者的权利和消费者的义务，体现了保护弱者的立法思想。

一、消费者的权利

我国《消费者权益保护法》虽没有明文限定"消费者"为个人，但根据立法精神，我们认为，我国消费者保护法所指的"消费者"应为个人。消费者的权利是消费者权益保护法的核心，也是消费者权益保护法的主要内容。根据我国消费者权益保护法的规定，消费者主要有以下几项权利：

（一）安全权

消费者购买、使用某种商品或者接受服务，目的在于生活消费，因此必须保障其人身和财产的安全。为此，《消费者权益保护法》第七条规定：消费者在购买、使用商品和接受服务时享有人身、财产安全不受损害的权利。消费者有权要求经营者提供的商品和服务，符合保障人身、财产安全的要求。

（二）知悉权

知悉权是指消费者享有的获得其购买、使用的商品或者接受的服务的真实情况的权利。根据《消费者权益保护法》第八条规定，消费者有权根据商品或者服务的不同情况，要求经营者提供商品的价格、产地、生产者、用途、性能、规格、等级、主要成分、生产日期、有效期限、检验合格证明、使用方法说明书、售后服务，或者服务的内容、规格、费用等有关情况。经营者不得弄虚作假，欺骗消费者。

（三）选择权

消费者有自主选择商品或者服务的权利。消费者的这一权利包括两方面的含义：一是对于商品品种、服务方式及其提供者有充分选择的余地；二是对于选择商品、服务及其提供者有自由决定权，不受强制。

（四）公平交易权

公平交易是市场经济的基本原则。消费者与经营者之间属商品交换关系，在商品交换关系中，双方的地位平等，消费者依法享有公平交易的权利。《消费者权益保护法》第十条规定：消费者在购买商品或者接受服务时，有权获得质量保障、价格合理、计量正确等公平交易条件，有权拒绝经营者的强制交易行为。

（五）获得赔偿权

当消费者因购买、使用商品或者接受服务受到人身、财产损害时，有权依法获得补救和赔偿。获得赔偿是法律对消费者的最终保护措施，也是消费者不可缺少的一项基本权利。

（六）结社权

结社权是指消费者享有的依法成立维护自身合法权益的社会团体（如消费者协会）的权利。消费者是弱者，通过建立维护自身合法权益的社会组织，可以壮大力量、交流信息、代表共同利益、反映共同意见和心声，以便维护自身在与经营者关系中的权益，并参与国家的消费政策、法律的制定，以及对国家和经营者进行社会监督。

（七）获得消费知识权

消费者获得消费知识的权利，其功能在于确保消费者掌握其商品或服务的知识和使用技能，以及获得所需的法律知识，以便正确使用商品和接受服务，提高自我保护能力。

小提示

　　消费者获得消费知识权的主要内容包括：第一，消费者有权获取消费者权益及其保护的基本教育。第二，消费者有权获得消费者权益保护的法制普及教育。第三，消费者有权获得日常的消费知识和进行有关咨询。

（八）尊严保障权

　　尊严保障权又称受尊重权，是指消费者在购买、使用商品和接受服务时，享有其人格尊严、民族风俗习惯得到尊重、不受侵犯的权利。尊重消费者的人格尊严和民族风俗习惯，是尊重和保障人权的重要内容，也是社会文明的标志。消费者的消费活动以获取商品或接受服务为目的，不能以丧失人格尊严为代价。

（九）监督权

　　监督权是指消费者享有的对商品和服务以及保护消费者权益工作进行监督的权利。监督权的内容主要包括：消费者有权检举、控告侵害消费者权益的行为和国家机关及其工作人员在保护消费者权益工作中的违法失职行为，有权对保护消费者权益工作提出批评、建议。

二、经营者的义务

　　消费者的权利在一定程度上是通过经营者履行义务来实现的。在消费法律关系中，经营者的义务是与消费者的权利相对应的，消费者所享有的权利一般就是经营者应承担的义务。经营者的义务可以表现为消费者要求经营者做出一定的行为，也可以表现为经营者必须抑制一定的行为。

　　《消费者权益保护法》第三章对经营者的义务作出了如下规定：

　　（1）依法或依约履行的义务。

　　（2）听取意见和接受监督的义务。

　　（3）保障人身和财产安全的义务。

　　（4）不作虚假宣传和标示的义务。

　　（5）出具购货凭证或服务单据的义务。

　　（6）质量担保义务。

　　（7）不得从事不公平、不合理交易的义务。

　　（8）不得侵犯消费者人身权利的义务。

三、消费者组织

　　消费者协会和其他消费者组织是依法成立的对商品和服务进行社会监督、保护消费者合法权益的社会团体。消费者协会履行下列职能：

（1）向消费者提供消费信息和咨询服务。

（2）参与有关行政部门对商品和服务的监督、检查。

（3）就有关消费者合法权益的问题，向有关行政部门反映、查询，提出建议。

（4）受理消费者的投诉，并对投诉事项进行调查、调解。

（5）投诉事项涉及商品和服务质量问题的，可以提请鉴定部门鉴定，鉴定部门应当告知鉴定结论。

（6）就损害消费者合法权益的行为，支持受损害的消费者提起诉讼。

（7）对损害消费者合法权益的行为，通过大众传播媒介予以揭露、批评。

各级人民政府对消费者协会履行职能应当予以支持。消费者组织在履行上述各项职能时，不得从事商品经营和营利性服务，不得以牟利为目的向社会推荐商品和服务。

四、争议的解决

消费争议实质上是平等民事主体之间关于民事权利义务的纠纷，在法律性质上属于民事纠纷，因此其解决途径具有显著的民事纠纷特点。消费者和经营者发生消费者权益争议的，可以通过下列途径解决：

（1）与经营者协商和解。

（2）请求消费者协会调解。

（3）向有关行政部门申诉。

（4）根据与经营者达成的仲裁协议提请仲裁机构仲裁。

（5）向人民法院提起诉讼。

五、求偿主体和赔偿主体的确定

为保证在发生消费争议时，能够准确确定责任承担者，我国《消费者权益保护法》就求偿主体以及最终赔偿主体（责任者）的确定，作了如下规定：

（1）消费者在购买、使用商品时，其合法权益受到损害的，可以向销售者要求赔偿。销售者赔偿后，属于生产者的责任或者属于向销售者提供商品的其他销售者的责任的，销售者有权向生产者或者其他销售者追偿。

（2）消费者或者其他受害人因商品缺陷造成人身、财产损害的，可以向销售者要求赔偿，也可以向生产者要求赔偿。属于生产者责任的，销售者赔偿后，有权向生产者追偿。属于销售者责任的，生产者赔偿后，有权向销售者追偿。

（3）消费者在接受服务时，其合法权益受到损害的，可以向服务者要求赔偿。

（4）消费者在购买、使用商品或者接受服务时，其合法权益受到损害，因原企业分立、合并的，可以向变更后承受其权利义务的企业要求赔偿。

（5）使用他人营业执照的违法经营者提供商品或者服务，损害消费者合法权益的，消费者可以向其要求赔偿，也可以向营业执照的持有人要求赔偿。

（6）消费者在展销会、租赁柜台购买商品或者接受服务，其合法权益受到损害的，可以向销售者或者服务者要求赔偿。展销会结束或者柜台租赁期满后，也可以向展销会的举办者、柜台的出租者要求赔偿。展销会的举办者、柜台的出租者赔偿后，有权向销售者或者服务者追偿。

（7）消费者因经营者利用虚假广告提供商品或者服务，其合法权益受到损害的，可以向经营者要求赔偿。广告的经营者发布虚假广告的，消费者可以请求行政主管部门予以惩处。广告的经营者不能提供经营者的真实名称、地址的，应当承担赔偿责任。

案例　安全保障义务及责任承担——李某游泳身亡事故的处理

一、案情

2017年6月18日，李某及家人到XYD公司经营的游泳馆游泳。16时05分15秒左右，李某身体不适，很快无法站立。16时05分27秒左右，XYD公司的救生员将李某拉至岸上。16时05分58秒，救生员开始一面拨打电话，一面招呼其他救生员过来。16时13分50秒左右，急救中心人员到场进行急救。当天下午，李某在朝阳急诊抢救中心抢救无效死亡，在居民死亡医学（推断）书上的死亡原因记载为呼吸、心搏骤停。

随后，李某的母亲、女儿向法院起诉，要求XYD公司支付死亡赔偿金、丧葬费、医疗费、被抚养人生活费、精神抚慰金、交通费、住宿费等共170余万元。

原告认为，受害人李某于2017年6月17日在XYD公司办理了会员卡，享受相应的消费服务。在游泳时李某脸色异常，面临溺亡的危险，馆内救生员未及时发现，在120急救人员到来之前也没有及时采取救助措施，导致李某在北京市朝阳急诊抢救中心抢救无效死亡。受害人李某进入XYD公司经营的游泳馆后，李某便与XYD公司之间形成了服务合同关系，XYD公司作为游泳馆的经营管理者对于进入馆内游泳人员负有确保其人身权益不受损害的安全保障义务。根据侵权责任法的规定，公共场所的管理人或者群众性活动的组织者，未尽到安全保障义务，造成他人损害的，应当承担侵权责任。基于XYD公司及其工作人员未及时履行救助义务和安全保障义务，在救助时间和救助措施方面存在严重过失，XYD公司应对李某的死亡承担全部责任。

二、判决

法院经审理认为，XYD公司在整个事件中已经尽到了合理的安全保障义务，不应对李某的死亡承担全部的责任。但从公平原则及人文关怀的角度考虑，酌情判定XYD公司补偿原告精神抚慰金3万元，驳回原告的其他诉讼请求。

第四节　体育法律法规基础知识

　　体育法规是我国法律体系的组成部分，是国家实现体育事业管理职能的重要手段，是对体育工作依法治理的基本依据。长期以来，我国颁布和实施了多种内容和形式的体育法规，为体育的改革和发展提供了有力的保障，正在逐步形成有中国特色的社会主义体育法规体系。

一、体育从业人员资格认定制度

　　2017年9月，人力资源和社会保障部印发《关于公布国家职业资格目录的通知》（人社部发〔2017〕68号），公布了国家职业资格目录。国家职业资格目录共计140项职业资格，其中专业技术人员职业资格59项（准入类36项、水平评价类23项），技能人员职业资格81项（准入类5项、水平评价类76项）。准入类职业资格关系公共利益或涉及国家安全、公共安全、人身健康、生命财产安全，均有法律法规或国务院决定作为依据；水平评价类职业资格具有较强的专业性和社会通用性，技术技能要求较高，行业管理和人才队伍建设有确实需要。

　　现行体育行业技能人员职业资格制度是国务院体育行政部门依据技能人员国家职业资格证书制度的总体要求，在国务院人力资源和社会保障部门的指导下，按照国家相关法律法规制度建立并推行的行业技能人才评价制度和工作体系。

　　体育行业曾有四类技能人员职业资格——社会体育指导员、游泳救生员、体育经纪人和体育场馆管理员，目前列入公示的职业资格目录清单的只有社会体育指导员和游泳救生员。其中，游泳救生员和游泳、滑雪、潜水、攀岩等高危险性体育项目的社会体育指导员属于技能人员准入类职业资格，其他体育项目的社会体育指导员属于技能人员水平评价类职业资格。

　　体育作为特殊的产业部门，其从业人员具有其他行业和部门所不具有的特殊性，在专业技术、技能等方面有特定要求。各类从事体育技术培训、辅导、咨询、裁判、安全救护等工作的专业技术人员，其所具备的资格、资质是国家对其所具有的专业技术和技能的法律认定，是其从事特定体育经营活动的必备条件。

 小提示

　　职业资格证书制度是我国一项重要的劳动就业制度，并在《劳动法》和《职业教育法》中作出了明确规定。国务院颁布的《全民健身条例》进一步明确提出了"国家对以健身指导为职业的社会体育指导人员实行职业资格证书制度。对以高危险性体育项目进行健身指导为职业的社会体育指导人员，应当依照国家有关

规定取得职业资格证书""经营高危险性体育项目的，必须要有达到规定数量的取得国家职业资格证书的社会体育指导人员和救助人员"。这是国家法律对体育行业从业人员资质作出的明确要求。

二、体育经营活动相关规定

体育产业是国民经济的有机组成部分。随着社会主义市场经济体制的建立和体育改革的深化，我国的体育产业和体育经营活动发展迅速，已成为促使各种形态的体育产品进入生产、流通、消费领域的新兴产业，其地位和作用已经得到国家法律法规的确认和保障。

（一）从事高危险性体育项目经营活动的条件

从事体育经营活动，和从事其他的经营活动一样，也要具备以下条件：必要的资金和相应的设备；符合治安、消防、卫生和环保条件的适宜场所，符合国家标准的体育设施和体育器材标准；法律、法规规定的应具备的其他条件。

《全民健身条例》第三十二条规定：企业、个体工商户经营高危险性体育项目的，应当符合下列条件，并向县级以上地方人民政府体育主管部门提出申请：（一）相关体育设施符合国家标准；（二）具有达到规定数量的取得国家职业资格证书的社会体育指导人员和救助人员；（三）具有相应的安全保障制度和措施。县级以上地方人民政府体育主管部门应当自收到申请之日起30日内进行实地核查，做出批准或者不予批准的决定。批准的，应当发给许可证；不予批准的，应当书面通知申请人并说明理由。

（二）高危险性体育项目经营的申请、审批和监督

为了规范经营高危险性体育项目行政许可的实施，保障消费者人身安全，促进体育市场的健康发展，2013年国家体育总局专门制定了《经营高危险性体育项目许可管理办法》（以下简称《办法》），对高危项目经营的申请、审批、监督检查等问题作出了规定。

《办法》第七条规定，申请经营高危险性体育项目，应当提交下列材料：（一）申请书。申请书应当包括申请人的名称、住所，拟经营的高危险性体育项目，拟成立经营机构的名称、地址、经营场所等内容；（二）体育设施符合相关国家标准的说明性材料；（三）体育场所的所有权或使用权证明；（四）社会体育指导人员、救助人员的职业资格证明；（五）安全保障制度和措施；（六）法律、法规规定的其他材料。

申请经营高危险性体育项目的，应当持县级以上地方人民政府体育主管部门的批准文件，到相应的工商行政管理部门依法办理相关登记手续。国家体育总局应当会同有关部门制定、调整高危险性体育项目目录，经国务院批准后予以公布。

经营许可证有效期为五年，样式由国家体育总局统一制定。许可证载明事项发

生变更的，经营者应当向做出行政许可决定的体育主管部门申请办理变更手续。体育主管部门同意的，为其换发许可证。许可证到期后需要继续经营的，经营者应提前30日到做出行政许可决定的体育主管部门申请办理续期手续。体育主管部门同意的，为其换发许可证。

　　上级体育主管部门应当加强对下级体育主管部门实施行政许可的监督检查，及时纠正行政许可实施中的违法行为。县级以上地方人民政府体育主管部门应当对经营者从事行政许可事项的活动实施有效监督。监督检查不得妨碍被许可人的正常经营。

　　县级以上地方人民政府体育主管部门对经营高危险性体育项目进行检查时，体育执法人员人数不得少于两人，并出示有效的行政执法证件。未出示有效证件的，经营者有权拒绝检查。

 小提示　　　　高危体育项目经营者基本要求

　　◎ 将许可证、安全生产岗位责任制、安全操作规程，体育设施、设备、器材的使用说明，以及安全检查制度、社会体育指导人员和救助人员名录及照片张贴于经营场所的醒目位置。

　　◎ 就高危险性体育项目可能危及消费者安全的事项和对参与者年龄、身体、技术的特殊要求，在经营场所中做出真实说明和明确警示，并采取措施防止危害发生。

　　◎ 按照相关规定做好体育设施、设备、器材的维护保养及定期检测，保证其能够安全、正常使用。

　　◎ 保证经营期间具有不低于规定数量的社会体育指导人员和救助人员。社会体育指导人员和救助人员应当持证上岗，并佩戴能标明其身份的醒目标识。

　　◎ 对体育执法人员依法履行监督检查职责，应当予以配合，不得拒绝、阻挠。

　　◎ 鼓励经营者依法投保有关责任保险，鼓励消费者依法投保意外伤害保险。

三、游泳场所开放条件与技术要求

　　2013年10月，中华人民共和国原国家质量监督检验检疫总局和中国国家标准化管理委员会联合发布了《体育场所开放条件与技术要求》（GB19079.1—2013），第1部分为游泳场所开放条件与技术要求。具体内容如下：

体育场所开放条件与技术要求

第1部分：游泳场所

（GB19079.1—2013）

1　范围

GB 19079的本部分规定了游泳场所开放所应具备的基本条件与基本技术要求。

本部分适用于各类人工游泳池、游泳馆面向群众健身开放时的经营管理工作。

2　规范性引用文件

下列文件对于本文件的应用是必不可少的。凡是注日期的引用文件，仅注日期的版本适用于本文件。凡是不注日期的引用文件，其最新版本（包括所有的修改单）适用于本文件。

GB 9667 游泳场所卫生标准。

GB/T 10001.1 公共信息图形符号 第1部分：通用符号。

CJJ 122 游泳池给水排水工程技术规程。

3　术语和定义

下列术语和定义适用于本文件。

3.1　游泳池 swimming pool

人工建造的供人们在水中进行各种游泳竞赛、训练、休闲健身的不同形状的水池。

3.2　社会体育指导员（游泳）social sports instructors（swimming）

在游泳活动中从事游泳技能传授、科学健身指导和组织管理工作的人员。

3.3　游泳救生员 swimming lifeguard

在游泳场所中对游泳者的安全进行有效的观察和防护，对溺水者进行赴救，并在医务人员到来之前现场急救的人员。

3.4　水质管理员 water quality administrator

在游泳场所中对游泳池水质进行监测和处理，并负责游泳池水处理设备使用、维护、管理的专门人员。

4　从业人员资格

社会体育指导员（游泳）、游泳救生员应持国家职业资格证书上岗，游泳救生员应进行年度审核。水质管理员应取得执业资格证书。

5   场地、设施设备条件

5.1   游泳池壁及池底应光洁，不渗水，呈浅色。

5.2   游泳池应无视线盲区。

5.3   游泳池浅水区水深应不大于1.2 m，儿童游泳池的水深应不大于0.8 m。

5.4   游泳池池面应设有醒目的水深度标识、深浅水区警示标识或深浅水区隔离带。

5.5   带出发台的游泳池，从出发端开始延伸至少6.0 m的范围内，水深应不小于1.35 m。

5.6   水面面积在500 m² 以下的游泳池应至少设置2个出入水扶梯，水面面积在500 m² 及以上的游泳池应至少设置4个出入水扶梯。扶梯应经过光滑倒角处理，不应有粗糙或锐角部位。

5.7   游泳池池岸、卫生间、淋浴间及更衣室地面应防滑，在湿润状态下地面静摩擦系数应不小于0.5。

5.8   游泳池内的排水设施应设置安全防护罩。

5.9   游泳池应配置池水循环、净化、消毒处理设备，水处理设备应符合CJJ 122的要求。

5.10   游泳池的水温应不低于26 ℃，其他水质项目应符合GB 9667的要求。

5.11   游泳池区域的水面水平照度应不低于200 lx。开放夜场应有足够的应急照明灯。

5.12   更衣室与游泳池之间应设置强制通过式浸脚消毒池，消毒池长度应不小于2 m，宽度应与走道相同，有效水深应不小于0.15 m。消毒池水的游离性余氯含量应保持在5 mg/L～10 mg/L。

5.13   儿童游泳池不应配置戏水设备。

5.14   应有符合建筑规范和消防规范的人员出入口和疏散通道，疏散通道应有明显标志。

5.15   应设置广播设施和公用电话。

5.16   各类公共标识应符合GB/T 10001.1的要求。

5.17   应分设与游泳池容量相符的男、女更衣室、卫生间、淋浴室，并配有存放衣物的设施。淋浴室淋浴喷头数量及卫生间厕位数量应与游泳人员数量相适应。

6   卫生、环境管理要求

6.1   游泳场所应提供当日天气、气候、环境情况报告。

6.2   室内游泳场所应有通风设施，室内空气及环境卫生应符合GB 9667的要求。

6.3   在泳池开放时间内，应进行水质监测并记录。

6.4　应对游泳池及周围设施、环境进行定期清洗、消毒。

6.5　游泳池注水、排水、清污期间应停止营业。

7　安全保障

7.1　设施设备

7.1.1　应配置有救生观察台。游泳池水面面积在250 m²以下的，应至少设置2个救生观察台；水面面积在250 m²及以上的，应按面积每增加250 m²及以内增设1个救生观察台的比例，配置救生观察台。救生观察台高度应不小于1.5 m。

7.1.2　应配备救生浮标、救生圈、救生杆、救生板、救生绳和护颈套等救生器材，并摆放在明显位置，取用方便。

注：可选择在游泳区域安装公共安全监控摄像系统。

7.2　游泳救生员

水面面积在250 m²及以下的游泳池，应至少配备游泳救生员3人；水面面积在250 m²以上的游泳池，应按面积每增加250 m²及以内增加1人的比例，配备游泳救生员。

7.3　安全管理

7.3.1　应建立健全安全救护、安全管理、安全检查、卫生检查等各项管理制度。各类安全制度应悬挂在明显位置。

7.3.2　应设置醒目的"游泳人员须知"和"严禁跳水""严禁追跑打闹""防滑""佩戴泳帽"等必要的安全要求及警示。

7.3.3　游泳池内人均游泳面积应不小于2.5 m²。

7.3.4　对有害、危险品的保存、管理应符合国家或属地有关安全条例的规定。

7.3.5　禁止向游泳人员出售含有酒精的饮料。

7.3.6　应确保安全疏散通道畅通。

7.3.7　开展游泳培训项目，教练应具有社会体育指导员（游泳）国家职业资格。

思考题

1. 简述劳动者的基本权利和义务。

2. 合同的生效包括哪几个要件？

3. 解决消费争议有哪些途径？

4. 经营高危险性体育项目应当符合哪些条件？

5. 游泳池救生人员的配备标准是什么？

参 考 文 献

（1）中华人民共和国人力资源和社会保障部制定. 国家职业技能标准——游泳救生员（试行）. 北京：中国劳动和社会保障出版社，2009.

（2）水上救生（静水部分）. 中国游泳救生协会审定，2001.

（3）编委会. 中国救生员培训教材. 中国游泳救生协会审定，2004.

（4）王全兴. 劳动法学［M］. 北京：法律出版社，2017.

（5）韩世远. 合同法总论［M］. 北京：法律出版社，2018.

（6）乔新生. 消费者权益保护法总论［M］. 北京：中国检察出版社，2018.

附录

游泳救生员
国家职业技能鉴定考核实施细则

（2019版）
（游泳池救生）

国家体育总局职业技能鉴定指导中心
中国救生协会　　组编

前　　言

　　游泳救生员是在游泳场所观察游泳者，进行安全防护，并对溺水者进行赴救和现场急救的人员。游泳救生员直接关系到游泳者的生命安全。国家规定，游泳场所开放必须配备一定数量的、取得国家职业资格证书的游泳救生员。

　　国家体育总局职业技能鉴定指导中心于2012年发布了《游泳救生员国家职业技能鉴定考核实施细则》。为适应经济社会发展的需要，客观反映现阶段游泳救生员职业能力的要求，与中国救生协会制定了《游泳救生员国家职业技能鉴定考核实施细则（2019版）》（以下简称"《细则（2019版）》"）。《细则（2019版）》调整了心肺复苏相关内容，增加了浮标救生、自动体外除颤器（AED）相关内容的考核（自动体外除颤器的考核最晚执行日期为2020年1月1日）。《细则（2019版）》是今后游泳救生员考核鉴定的主要依据（本附录稍有删节）。

目　　录

一、初级游泳救生员技能考核实施细则

（一）初级游泳救生员技能考核内容（表1-1）

表1-1　初级游泳救生员技能考核内容

达标项目	实操部分	理论部分
◎ 25米速度游 ◎ 潜泳20米	◎ 现场赴救 ◎ 现场急救	详见考核说明

（二）初级游泳救生员实操考核标准（表1-2、表1-3）

表1-2　初级游泳救生员实操考核标准（徒手救生）

	现场赴救（徒手救生）						现场急救	合计
	入水	接近	拖带	上岸	解脱	合计	心肺复苏	
选考方式			必考			—	必考	—
鉴定比重（%）	10	10	10	10	20	60	40	100
考试时间（分钟）			15				5	20
考核形式		水中操作			陆上操作	—	实操	—

注：游泳池最浅区水深不低于1.35 m。

表1-3　初级游泳救生员实操考核标准（浮标救生）

	现场赴救（浮标救生）						现场急救	合计
	入水	接近	拖带	上岸	解脱	合计	心肺复苏	
选考方式			必考			—	必考	—
鉴定比重（%）	10	10	10	10	20	60	40	100
考试时间（分钟）			15				5	20
考核形式		水中操作			陆上操作	—	实操	—

注：游泳池最浅区水深不低于1.35 m。从2020年3月1日起，徒手救生和浮标救生抽考一项。

（三）初级游泳救生员技能考核说明

1. 总体要求

（1）考生必须通过达标项目的测试，否则不能参加技能考试。

（2）考核形式：理论考试采取闭卷笔试，总分为100分。实操考核在陆上或水上操作，总分为100分。在考核内容中，理论考试或实操考核如有一科未达到60分，即视为不合格。

（3）考试时间：理论考试为60分钟，实操考核为20分钟。

（4）考试内容：职业道德（包括道德概念和职业守则）、救生游泳基本技术、赴救技术、现场急救技术等。

2. 达标测试

（1）25米速度游：男子≤20秒，女子≤22秒为达标。

（2）20米潜泳：蹬边出发，在20米潜泳距离内，躯体未露出水面且方向准确为达标。

未达标者不能参加其他技能项目的考核。

3. 实操考核

（1）现场赴救。

① 考核内容（一）：徒手救生——入水、接近、拖带、上岸技术。

◎ 鉴定比重：总分的40%。

◎ 考核时间：10分钟。

◎ 考核形式：水中操作。学员假扮溺水者，游至距岸边15米处正面、侧面或背面原地等候。考评员给考生发出信号，考生入水、接近溺水者，将其拖带至岸边，并和接应救生员完成上岸。

注：不允许考生戴游泳镜考核。接应救生员指岸上配合救援的救生员。

② 考核内容（二）：浮标救生——入水、接近、拖带、上岸技术。

◎ 鉴定比重：总分的40%。

◎ 考核时间：10分钟。

◎ 考核形式：水中操作。学员假扮溺水者，游至距岸边15米处正面、侧面或背面原地等候。考评员给考生发出信号，考生携带救生浮标入水、接近溺水者，将其拖带至岸边，并和接应救生员完成上岸。

注：不允许考生戴游泳镜考核。接应救生员指岸上配合救援的救生员。

③ 考核内容（三）：头发被抓解脱、手被抓解脱、颈部被抱解脱、腰部被抱解脱等解脱技术。

◎ 鉴定比重：总分的20%。

◎ 考核时间：5分钟。

◎ 考核形式：陆上操作。

（2）现场急救。

◎ 考核内容：心肺复苏——开放呼吸道、呼吸支持、心脏按压等。

◎ 鉴定比重：总分的40%。

◎ 考核时间：5分钟。

◎ 考核形式：对模拟人进行心肺复苏操作。

注：心肺复苏是初级游泳救生员实操考核中的否定项目，如果心肺复苏操作程序错误或其该项目总分不足24分，即算该项目考核不合格。心肺复苏项目考核不合格者，初级游泳救生员实操考核即为不合格。

（四）初级游泳救生员技能考核评分标准

1. 初级游泳救生员游泳技能达标测试标准（表1-4）

表1-4　初级游泳救生员游泳技能达标测试标准

达标项目	距离	达标要求	说明
速度游	25米	男≤20秒 女≤22秒	达标合格后才能进入下一阶段的考核。各项均可补考一次
潜泳	20米	① 蹬边出发，潜游至20米处出水面 ② 躯体不能露出水面 ③ 方向准确	

2. 初级游泳救生员实操考核评分标准

（1）现场赴救评分标准。

① 徒手救生：入水、接近、拖带、上岸考核评分标准（表1-5）。

② 浮标救生：入水、接近、拖带、上岸考核评分标准（表1-6）。

③ 解脱（陆上完成）考核评分标准（表1-7）。

表1-5　徒手救生：入水、接近、拖带、上岸考核评分标准

考核内容及分值		考核要点	扣分标准
入水 （10分）	蛙腿式	① 入水时，两腿向下做蛙泳蹬夹腿动作，同时两手臂向下抱压水 ② 头部始终保持在水面上 ③ 目光始终不离开赴救目标	两臂或两腿没有分开，扣4分 水没过头部，扣10分 目光离开溺水者，扣4分

续表

考核内容及分值		考核要点	扣分标准
入水 （10分）	跨步式	① 入水时，两手向前下方抱压水，同时两脚做剪水动作 ② 头部始终保持在水面上 ③ 目光始终不离开赴救目标	两臂或两腿没有分开，扣4分 水没过头部，扣10分 目光离开溺水者，扣4分
接近 （10分）	正面 接近	① 入水后，游至离溺水者3米左右急停 ② 下潜至溺水者髋部以下，转体180度 ③ 单手或双手腋下控制住溺水者	3米左右未急停下潜，扣3分 没有在溺水者髋部以下将溺水者转体180度，扣5分 未能有效控制住溺水者，扣2分
	背面 接近	① 救生员游至距溺水者1~2米处急停 ② 单手或双手托腋或夹胸控制住溺水者	距离太近或太远，扣4分 没有急停，扣4分 未能有效控制溺水者，扣2分
	侧面 接近	① 游至溺水者3米左右处，转为侧向游进，抓住溺水者近侧手腕 ② 单手或双手托腋或夹胸控制住溺水者	游至溺水者3米左右后未侧向游进，扣3分 未抓住溺水者近侧手腕，扣5分 未能有效控制溺水者，扣2分
拖带 （10分）	夹胸	① 用反蛙泳腿或侧泳腿技术拖带 ② 溺水者口鼻必须露出水面 ③ 使溺水者身体保持水平位置 ④ 夹胸手不能压迫溺水者的颈动脉	拖带技术运用不合理，扣4分 拖带中溺水者口鼻没入水中，第1次扣5分，两次计0分 拖带脱手，扣10分
	双手 托腋	① 救生员托住溺水者的双腋，采用反蛙泳或仰泳拖带 ② 溺水者口鼻必须露出水面 ③ 使溺水者身体保持水平位置	拖带方向错误，扣2分 溺水者下肢下沉，扣4分 拖带时压迫溺水者的颈动脉，扣5分
上岸 （10分）	深水无阶梯双人上岸	① 水中救生员在池边固定好溺水者 ② 水中救生员先将溺水者一手交给接应救生员，再将溺水者另外一手交给接应救生员 ③ 接应救生员用交叉手方式接分别递过来的溺水者手臂 ④ 接应救生员将溺水者转体180度，然后将溺水者拉上岸 ⑤ 水中救生员双手托溺水者，协助接应救生员施救上岸 ⑥ 水中救生员指挥接应救生员将溺水者放平呈仰卧姿势	水中救生员与接应救生员上岸时脱手，扣10分 水中救生员未能使溺水者背对池岸上岸，扣5分 水中救生员未协助接应救生员进行上托，扣2分 水中救生员未指挥接应救生员对溺水者头部进行保护，扣2分

注：分值——40分，考核形式——实操。

上岸部分只对水中救生员进行成绩评定。

表 1-6　浮标救生：入水、接近、拖带、上岸考核评分标准

考核内容及分值		考核要点	扣分标准
入水 （10分）	蛙腿式或跨步式	① 救生浮标置于胸前，成抱胸姿势固定浮标，拖绳置于浮标和胸部之间 ② 腿成蛙步姿势或跨步姿势入水 ③ 入水时，身体前倾，上体靠近水面 ④ 头部始终保持在水面上 ⑤ 目光始终不离开赴救目标	浮标没有固定好或入水时脱落，扣10分 未采用蛙腿式或跨步式入水方式入水，扣5分 身体姿势错误，扣4分 水没过头部，扣10分
	鱼跃式	① 一手持浮标和拖绳鱼跃入水 ② 入水时将浮标抛在持浮标手的体侧 ③ 入水后迅速把头露出水面，用抬头爬泳迅速接近溺水者 ④ 急停后将浮标置于胸前	没有手持浮标或浮标提前脱落，扣5分 浮标影响入水，扣10分 浮标放置错误，扣5分
接近 （10分）	水面昏迷溺水者	① 距离2~3米位置急停观察 ② 游到溺水者后方施救位置 ③ 救生员靠近溺水者背后，借用救生浮标的浮力双手由溺水者后背经腋下控制溺水者 ④ 使溺水者口鼻朝上，露出水面	浮标位置错误，扣4分 急停位置过近或过远，扣4分 施救位置错误，扣5分 控制方法错误，扣6分 口鼻没水，1次扣5分 未能有效控制溺水者，扣4分
拖带 （10分）	水面昏迷溺水者	① 利用浮标的浮力在溺水者背后固定控制溺水者 ② 拖带时救生员将救生浮标置于自己胸前并穿过腋下 ③ 将救生浮标移至溺水者背部腋下位置 ④ 拖带时溺水者头部露出水面并侧在一边，方便观察昏迷者情况，防止其与救生员头部相撞	控制手法错误，扣5分 浮标脱离或位置错误，扣10分 浮标没有移至溺水者背部腋下位置，扣5分 溺水者头部没有侧在一边，扣5分
上岸 （10分）	深水无阶梯双人上岸	① 水中救生员在池边固定好溺水者 ② 水中救生员先将溺水者一手交给接应救生员，再将溺水者另外一手交给接应救生员 ③ 接应救生员用交叉手方式接分别递过来的溺水者手臂 ④ 接应救生员将溺水者转体180度，然后将溺水者拉上岸 ⑤ 水中救生员双手托溺水者，协助接应救生员施救上岸 ⑥ 水中救生员指挥接应救生员将溺水者放平呈仰卧姿势	水中救生员与接应救生员上岸时脱手，扣10分 水中救生员未能使溺水者背对池岸上岸，扣5分 水中救生员未协助接应救生员进行上托，扣2分 水中救生员未指挥接应救生员对溺水者头部进行保护，扣2分

表 1-7　解脱（陆上完成）考核评分标准

考核内容	考核要点	扣分标准
头发被抓	① 两种方法：压腕掰手解脱法、压掌推肘解脱法 ② 解脱后，有效控制住溺水者	解脱时用力过度或不足，扣4分 解脱过程动作不连贯，扣4分 解脱动作的手法错误，扣8分 解脱后未能有效控制住溺水者，扣4分
手被抓握	① 单手被抓：转腕法、推击法 ② 交叉手（臂）被抓：推击加转腕 ③ 单手被双手抓：推击法、转腕法 ④ 解脱后，有效控制住溺水者	
颈部被抱持	① 颈部被抱持：正面被溺水者抱持时，上推双肘解脱法；背面被抱持时，压腕上推单肘解脱法 ② 解脱后，有效控制住溺水者	
腰部被抱持	① 正面抱持：夹鼻推颌解脱法 ② 背面抱持：弓身抽手扳指解脱法 ③ 解脱后，有效控制住溺水者	

注：分值——20分，考核形式——实操。

（2）现场急救评分标准。

心肺复苏考核评分标准（表1-8）。

表 1-8　心肺复苏考核评分标准

分类	考核内容及分值	考核要点	扣分标准
1. 判断意识	环境安全，1分	环视四周，确认环境安全	未口述环境安全，扣1分
	判断意识和呼救，4分	用力拍打溺水者双肩同时大声呼唤。无反应，确认溺水者意识丧失启动应急预案（拨打急救电话120，拿AED到现场）	未拍打溺水者肩膀，扣2分 未启动应急预案，扣2分
	判断呼吸，2分	眼睛观察胸腹部是否有起伏，判断时间5～10秒	未判断呼吸或时间不足（超过），扣2分
	摆放体位，1分	溺水者取仰卧位	取位错误或体位摆放不正确，扣1分
2. 开放气道	清理口腔，1分	如果溺水者口腔有异物，则清理；没有则忽略	未清理口中异物或没有口述"没有异物"，扣1分
	开放气道，4分	一只手掌压住前额，另一只手食指和中指上抬下颌骨，将头部后仰	打开手法错误，扣2分 头部后仰位置错误，扣2分

续表

分类	考核内容及分值	考核要点	扣分标准
3. 人工呼吸	口对口吹气，4分	用一只手的拇、食两指捏住溺水者鼻翼，张开口包住溺水者的嘴通气至其胸部隆起。吹气后应与溺水者口部脱离。口对口吹气2次，每次通气应该维持大约1秒	吹不进气，扣4分 方法不正确，达到通气效果，但漏气扣2分 方法正确但达不到通气效果，扣2分 吹气时间不足或通气过度，扣2分
4. 胸外按压	胸外按压，22分	部位：掌根按压胸骨下半部，两乳头连线与胸骨交叉点 姿势：双手交叠，十指相扣，双肘关节伸直，用掌根部按压；以髋关节为轴，身体重量垂直下压，压力均匀，每次按压后胸廓充分回弹，掌根不能离开胸壁 胸外按压30次，按压通气比例为30∶2，按压频率100～120次/分，按压深度5～6厘米。按压与放松的比例为1∶1。按压中断时间小于10秒钟	按压部位不准确，考核不能通过 按压动作错误，扣3分 按压通气比例错误，扣3分 频率错误，扣5分 深度错误，扣5分 未充分回弹，扣3分 掌根离开胸壁，扣3分
5. 评估	重新评估，1分	30次胸外按压，2次口对口通气为一个循环；约2分钟，完成5次循环后重新评估	考评员未示意结束，自行停止，视为未完成

注：未完成全部考核流程，心肺复苏考核得分为零分。
　　分值——40分，考核形式——实操。

二、中级游泳救生员技能考核实施细则

（一）中级游泳救生员技能考核内容（表2-1）

表2-1　中级游泳救生员技能考核内容

达标项目	实操部分	理论部分
◎ 25米速度游 ◎ 水中徒手踩水	◎ 现场赴救 ◎ 现场急救	详见考核说明

（二）中级游泳救生员实操考核标准（表2-2）

表2-2　中级游泳救生员实操考核标准

| | 现场赴救 | | | | | | 现场急救 | | | | |
	入水	接近	解脱	拖带	上岸	合计	佩戴颈托	陆上急救板的使用	心肺复苏	自动体外除颤器	合计
选考方式		必考				—	必考	必考	必考	必考	—
鉴定比重（%）	5	8	12	10	5	40	10	20	20	10	60
考试时间（分钟）		5					5	5	5	5	20
考核形式		水中操作					—	实操	陆上操作	实操	实操	—

注：游泳池最浅区水深不低于1.35 m。

（三）中级游泳救生员技能考核说明

1. 达标测试

（1）25米速度游：男≤18秒、女≤20秒为达标。

（2）水中徒手踩水：要求考生在20秒内徒手踩水，并且两臂肘关节始终露出水面。

注：未达标者不能参加其他技能项目的考核。

2. 实操考核

（1）现场赴救。

◎ 考核内容：入水、接近、解脱、拖带、上岸技术。

◎ 鉴定比重：总分的40%。

◎ 考核时间：5分钟。

◎ 考核形式：学员假扮溺水者，游至距岸边15米处正面、侧面或背面原地等候。考评员给考生发出信号，考生完成入水，接近、解脱溺水者，并将其拖带至岸边上岸。

注：在现场赴救这一项目考核中，不允许考生戴游泳镜考核。

（2）现场急救。

① 佩戴颈托

◎ 考核内容：为颈椎受伤者佩戴颈托。

◎ 鉴定比重：总分的10%。

◎ 考核时间：5分钟。

◎ 考核形式：学员假扮颈椎受伤者，考生两人一组，互相交叉操作，为受伤者佩戴颈托。考评员根据完成情况打分。

② 陆上急救板的使用

◎ 考核内容：陆上急救板的正确使用方法。

◎ 鉴定比重：总分的20%。

◎ 考核时间：5分钟。

◎ 考核形式：学员假扮颈椎受伤者，考生两人一组配合，互相交叉操作，另再配备两名学员，协同完成。考评员根据完成情况打分。

③ 心肺复苏

◎ 考核内容：开放呼吸道、呼吸支持、心脏按压等。

◎ 鉴定比重：总分的20%。

◎ 考核时间：5分钟。

◎ 考核形式：对模拟人进行心肺复苏操作。

注：心肺复苏是中级游泳救生员实操考核中的否定项目，如果心肺复苏操作程序错误或该项目得分不足12分，即算该项目考核不合格。心肺复苏项目考核不合格者，中级游泳救生员实操考核即为不合格。

④ 自动体外除颤器

◎ 考核内容：自动体外除颤器正确使用。

◎ 鉴定比重：总分的10%。

◎ 考核时间：5分钟。

◎ 考核形式：对模拟人进行心脏除颤操作。

3. 理论考试

（1）考试时间：60分钟。

（2）考试内容：游泳公共卫生安全常识，游泳卫生常识，自我救助，安全标志设置，突发事件紧急处理预案，救生器材，急救器材，救生员装备、器材的管理与保养，通信器材和联络信号的设置，救生基本技术，现场赴救，现场急救等。

（3）考试形式：闭卷笔试。

（四）中级游泳救生员技能考核评分标准

1. 中级游泳救生员游泳技能达标测试标准（表2-3）

表2-3　中级游泳救生员游泳技能达标测试标准

达标项目	达标标准	说明
25米速度游	男≤18秒 女≤20秒	达标合格后才能进入下一阶段考核，各项均可补考一次
水中徒手踩水	水中徒手踩水20秒，要求肘关节露出水面	

2. 中级游泳救生员实操考核评分标准

（1）现场赴救评分标准。

入水、接近、解脱、拖带、上岸考核评分标准（见表2-4）。

表 2-4　入水、接近、解脱、拖带、上岸考核评分标准

考核内容及分值		考核要点	扣分标准
入水 （5分）	蛙腿式	① 入水时，两腿向下做蛙泳蹬夹腿动作，同时两臂向下抱压水 ② 头部始终保持在水面上 ③ 目光始终不离开赴救目标	两臂或两腿没有分开，扣2分 水没过头部，扣5分 目光离开溺水者，扣2分
	跨步式	① 入水时，两臂向前下方抱压水，同时两脚做剪水动作 ② 头部始终保持在水面上 ③ 目光始终不离开赴救目标	两臂或两腿没有分开，扣2分 水没过头部，扣5分 目光离开溺水者，扣2分
接近 （8分）	正面接近	① 入水后，游至离溺水者3米左右急停 ② 下潜至溺水者髋部，并将溺水者转体180度 ③ 单手或双手腋下控制住溺水者	游至离溺水者3米左右未急停下潜，扣2分 没有在溺水者髋部以下将其转体180度，扣4分 未能有效控制住溺水者，扣2分
	背面接近	① 救生员游至距溺水者1~2米处急停 ② 单手或双手托腋或夹胸控制住溺水者	没有急停，扣2分 距离太近、太远，扣4分 未能有效控制住溺水者，扣2分
	侧面接近	① 游至距溺水者3米左右处，转为侧向游进，抓住溺水者近侧手腕 ② 单手或双手托腋或夹胸控制住溺水者	游至距溺水者3米左右未侧向游进，扣2分 未抓住溺水者近侧手腕，扣4分 未能有效控制住溺水者，扣2分
解脱 （12分）	头发被抓	① 两种方法：压腕掰手解脱法、压掌推肘解脱法 ② 解脱后，有效控制住溺水者	解脱时用力过度或不足，扣2分 解脱过程动作不连贯，扣2分 解脱动作的手法错误，扣4分 解脱后未能有效控制住溺水者，扣4分
	手被抓握	① 单手被抓：转腕法、推击法 ② 交叉手（臂）被抓：推击加转腕 ③ 单手被双手抓：推击法、转腕法 ④ 解脱后，有效控制住溺水者	
	颈部被抱持	① 颈部被抱持：正面被溺水者抱持时，上推双肘解脱法；背面被抱持时，压腕上推单肘解脱法 ② 解脱后，有效控制住溺水者	
	腰部被抱	① 正面抱持：夹鼻推颌解脱法 ② 背面抱持：弓身抽手扳指解脱法 ③ 解脱后，有效控制住溺水者	

续表

考核内容及分值		考核要点	扣分标准
拖带 （10分）	夹胸	① 用反蛙泳腿或侧泳腿技术拖带 ② 溺水者口鼻必须露出水面 ③ 使溺水者身体保持水平位置 ④ 夹胸手不能压迫溺水者的颈动脉	拖带技术运用不合理，扣4分 拖带中溺水者口鼻没入水中，第1次扣5分，两次计0分 拖带脱手，扣10分 拖带方向错误，扣2分 溺水者下肢下沉，扣4分 拖带时压迫溺水者的颈动脉，扣5分
	双手托腋	① 救生员托住溺水者的双腋，采用反蛙泳或仰泳拖带 ② 溺水者口鼻必须露出水面 ③ 使溺水者身体保持水平位置	
上岸 （5分）	深水无阶梯单人上岸	① 单手抓住溺水者的一只手，压在池岸边上，将溺水者的另一只手重叠按住 ② 按住溺水者重叠的双手背，用蛙腿脚蹬夹上岸 ③ 交叉手紧握溺水者手腕处，将溺水者转体180度呈背对岸边，垂直上提 ④ 上岸后脱出一手移至溺水者颈背部，另一手将溺水者双腿原地旋转90度	上岸时脱手，扣5分 没有用两手交叉的方法，将溺水者原地转体180度，扣5分 原地旋转溺水者双腿时，未对其头部进行保护，扣2分

（2）现场急救评分标准。

① 佩戴颈托考核评分标准（见表2-5）。

② 陆上急救板的使用考核评分标准（见表2-6）。

③ 心肺复苏考核评分标准（见表2-7）。

④ 自动体外除颤器考核评分标准（见表2-8）。

表2-5　佩戴颈托考核评分标准

考核内容及分值	考核要点	扣分标准
检查 2号位：1分	① 询问伤情 ② 检查颈部	其中一项未完成，扣1分
复位 1号位：3分 2号位：2分	① 双手掌放在受伤者头两侧，拇指轻按额部，食指、中指按面颊，无名指和小指放在耳下 ② 左右复位 ③ 前后复位	1号位手法错误，扣1分 1号位鼻尖与肚脐未呈一条直线，扣1分；2号位，扣1分 1号位头部仰至嘴角和耳垂的连线与地面没有垂直，扣1分；2号位扣1分
佩戴 2号位：4分	① 测量：用手指度量受伤者下颌骨角下方到锁骨的距离 ② 佩戴：将颈套一端穿入后颈，将下颌垫小圆点与受伤者的下颌尖吻合	尺寸调节不当，扣2分 下颌垫小圆点与受伤者的下颌尖不吻合，扣1分 颈托过紧或过松，扣1分

表 2-6   陆上急救板的使用考核评分标准

考核内容	考核要点	扣分标准
1号位：头锁—改良斜方肌挤压—侧翻—复原平卧位—斜方肌挤压—平移复位—头部两侧放置泡沫垫—头部扣带 2号位：头胸固定—侧翻—复原平卧位—头胸固定—胸、腰、脚扣带—头胸固定	◎ 技术动作正确，口令准确、协调一致 ◎ 顺序正确：头锁—头胸固定—改良斜方肌挤压—侧翻—插入急救板—复原平卧位—头胸固定—斜方肌挤压—平移定位—胸、腰、脚扣带—头胸固定—头部两侧放置泡沫垫—扣带	1号位头锁错误，扣2分 1号位改良斜方肌挤压错误，扣2分 1号位斜方肌挤压错误，扣2分 1号位没有平移复位，扣2分 2号位头胸固定手法错误，扣2分（每次1分） 2号位侧翻不到位或没有控制住溺水者，扣2分 2号位扒板手法错误，扣2分 2号位胸、腰、脚扣带顺序及手法错误，扣2分（系胸带时，两手臂被扣、脚底没有绕"8"字） 1号位头部两侧泡沫垫放置不到位，扣1分 1号位头部扣带不正确，扣1分 1号位口令不清晰、不准确，扣2分

注：对1号位和2号位两名学员同时进行成绩评定，完成后相互交换。1号位为指挥者。

表 2-7   心肺复苏考核评分标准

分类	考核内容及分值	考核要点	扣分标准
1. 判断意识	环境安全，1分	环视四周，确认环境安全	未口述环境安全，扣1分
	判断意识和呼救，1分	用力拍打溺水者双肩同时大声呼唤。无反应，确认溺水者意识丧失启动应急预案（拨打急救电话120，拿AED到现场）	未拍打溺水者肩膀，扣1分 未启动应急预案，扣1分
	判断呼吸，1分	眼睛观察胸腹部是否有起伏，判断时间5~10秒	未判断呼吸或时间不足（超过），扣1分
	摆放体位，1分	溺水者取仰卧位	取位错误或体位摆放不正确，扣1分
2. 开放气道	清理口腔，1分	如果溺水者口腔有异物，则清理；没有则忽略	未清理口中异物或没有口述"没有异物"，扣1分
	开放气道，1分	一只手掌压住前额，另一只手食指和中指上抬下颌骨，将头部后仰	打开手法错误，扣0.5分 头部后仰位置错误，扣0.5分
3. 人工呼吸	口对口吹气，3分	用一只手的拇、食两指捏住溺水者鼻翼，张开口包住溺水者的嘴通气至其胸部隆起。吹气后应与溺水者口部脱离。口对口吹气2次，每次通气应该维持大约1秒	吹不进气，扣3分 方法不正确，达到通气效果，漏气扣1分 方法正确但达不到通气效果，扣2分 吹气时间不足或通气过度，扣1分

续表

分类	考核内容及分值	考核要点	扣分标准
4. 胸外按压	胸外按压，10分	部位：掌根按压胸骨下半部，两乳头连线与胸骨交叉点 姿势：双手交叠，十指相扣，双肘关节伸直，用掌根部按压；以髋关节为轴，身体重量垂直下压，压力均匀，每次按压后胸廓充分回弹，掌根不能离开胸壁 胸外按压30次，按压通气比例为30：2，按压频率100～120次/分，按压深度5～6厘米。按压与放松的比例为1：1。按压中断时间小于10秒钟	按压部位不准确，考核不能通过 按压动作错误，扣2分 按压通气比例错误，扣1分 频率错误，扣2分 深度错误，扣2分 未充分回弹，扣2分 掌根离开胸壁，扣1分
5. 评估	重新评估，1分	30次胸外按压，2次口对口通气为一个循环；约2分钟，完成5次循环后重新评估	考评员未示意结束，自行停止，视为未完成

注：未完成全部考核流程，心肺复苏考核得分为零分。

表 2-8　自动体外除颤器考核评分标准

考核内容及分值	考核要点	扣分标准
打开电源，1分	打开电源	未打开电源，扣1分
擦干胸部，1分	擦干将要贴电极片部位的水	未擦干贴电极片部位水，扣1分
贴电极片，1分	两块电极片分别贴在右胸上部和左胸左乳头外侧	贴电极片的位置不正确，扣1分
连接电源插头，1分	贴电极片后将插头插入主机插孔	插插头和贴电极片顺序错误，扣1分
分析心律，2分	提醒溺水者周围人群，不可触碰溺水者，使用AED进行分析	触碰溺水者，干扰AED分析，扣2分
除颤，4分	AED提示可电击除颤，再次提醒周围人群，不可触碰溺水者，确保施救者安全，给予除颤，除颤后立即进行心肺复苏	未确保施救者和周围人群安全，扣2分 除颤后未立即进行心肺复苏，扣2分

三、高级游泳救生员技能考核实施细则

（一）高级游泳救生员技能考核内容（表3-1）

表 3-1　高级游泳救生员技能考核内容

实操部分	理论部分
◎ 培训与管理 ◎ 浅水水中急救板的使用 ◎ 心肺复苏与自动体外除颤器（AED）的讲解与操作	见考核说明

（二）高级游泳救生员实操考核标准（表3-2）

表 3-2　高级游泳救生员实操考核标准

	培训与管理	浅水水中急救板的使用	心肺复苏与自动体外除颤器（AED）的使用	合计
选考方式	必考	必考	必考	—
鉴定比重（%）	40	20	40	100
考试时间（分钟）	40	10	10	60
考核形式	笔试、口试	实操	实操、口试	—

注：游泳池最浅区水深不低于1.35 m。

（三）高级游泳救生员技能考核说明

1. 实操考核

（1）培训与管理。

① 考试时间：40分钟。

② 考试内容：培训与管理。

③ 鉴定比重：总分的40%。

④ 考核形式：培训部分的分值为20分，考核形式为考生抽取题签，进行现场示范与讲解。考评员从教学及考核技术要点的把握、示范面的掌握及示范能力、讲解与表达能力等几个方面对考生进行现场评分。管理部分的分值为20分，考核形式为笔试。考生根据命题，制定一份有针对性的开发管理计划。考评员将从考生布岗图、

观察区划分、值岗救生员管理以及应急预案的制定等几方面进行评分。

（2）浅水水中急救板的使用。

① 考核时间：10分钟。

② 鉴定比重：总分的20%。

③ 考核形式：学员假扮颈椎受伤者，考生两人一组配合，互相交叉操作。再配备两名学员，协同完成。考评员根据完成情况打分。

注：在考核浅水水中急救板的使用时，不允许考生戴游泳镜。

（3）心肺复苏与自动体外除颤器（AED）的使用。

① 考核时间：10分钟。

② 鉴定比重：总分的40%。

③ 考核形式：首先对电脑模拟人进行心肺复苏，其次做好心肺复苏与自动体外除颤器（AED）的衔接，再次正确使用自动体外除颤器（AED），最后根据自动体外除颤器（AED）分析结果进行决策。

④ 考试说明：做一个循环的心肺复苏，使用自动体外除颤器（AED），再做一个循环心肺复苏。

注：心肺复苏和自动体外除颤器（AED）是高级游泳救生员实操考核中的否定项目，如果心肺复苏和自动体外除颤器（AED）操作程序错误或该项目考核不合格，则高级游泳救生员实操考核即为不合格。

2. 理论考试

（1）考试时间：60分钟。

（2）考试内容：游泳公共卫生与安全常识，游泳卫生常识，自我救助，安全标志设置，突发事件紧急处理预案，救生器材，急救器材，救生员装备、器材的管理与保养，通信器材和联络信号的设置，救生基本技术，现场赴救，现场急救等。

（3）考试形式：闭卷笔试。

（四）高级游泳救生员技能考核评分标准

1. 培训与管理考核评分标准

在培训部分的考核中，考评员将从教学及考核技术要点的把握、示范面的掌握及示范能力以及讲解能力与语言表达能力等几个方面对考生进行评定。在管理部分的考核中，考评员将从布岗图、观察区划分、值岗救生员管理、应急预案的制定等几个方面对考生进行评定。

2. 浅水水中急救板使用考核评分标准（表3-3）

3. 心肺复苏与自动体外除颤器（AED）使用考核评分标准（表3-4）

附录 游泳救生员国家职业技能鉴定考核实施细则

表 3-3　浅水水中急救板使用考核评分标准

	内容	考核要点	不合格者扣分标准
上臂固定法	1号位救生员使用手法将伤者头部固定，脸部向上，口鼻露出水面，招呼同伴协助，并向池岸边靠近	◎ 固定手法正确 ◎ 口鼻露出水面	扣2分 扣2分
	2号位救生员持急救板轻轻下水，在1号位救生员的指挥下，将板插入伤者身下。随即使用手钳固定法将伤者头部以及身体固定在急救板上	◎ 轻轻入水 ◎ 板位准确 ◎ 固定手法正确	扣1分 扣2分 扣1分
	1号位救生员将伤者两臂放置于身体两侧，然后到板头，背靠池边，用肩、胸承托板头，两臂固定板边，双手扶持伤者面颊，固定头部	◎ 两臂放在体侧 ◎ 用肩、胸承托板头 ◎ 用两臂固定板边 ◎ 双手固定头部	扣1分 扣1分 扣1分 扣1分
	2号位救生员按胸、腰、腿顺序固定伤者	依次扣上胸、腰、腿	扣2分
	2号位救生员用手钳固定法固定伤者头部	固定手法正确	扣1分
	1号位救生员用头部固定器固定伤者头部	放置固定器并固定正确	扣2分
	1号位和2号位救生员移至急救板两侧，将板头抬上池岸	动作轻缓，配合协调	扣1分
	2号位救生员上岸抓紧板头，1号位救生员移至板尾，两人合力将伤者搬到池岸地面	两名救生员配合时，口令准确	扣2分

表 3-4　心肺复苏与自动体外除颤器（AED）使用考核评分标准

考核内容及分值		考核要点	扣分标准
心肺复苏18分	环境安全，1分	环视四周，确认环境安全	未口述环境安全，扣1分
	判断意识并呼救，2分	用力拍打溺水者双肩同时大声呼唤。无反应，确认溺水者意识丧失启动应急预案（拨打急救电话120，拿AED到现场）	未拍打溺水者肩膀，扣1分 未启动应急预案，扣1分
	判断呼吸，1分	眼睛观察胸腹部是否有起伏，判断时间5～10秒	未判断呼吸或时间不足（超过），扣1分
	摆放体位，1分	溺水者取仰卧位	取位错误或体位摆放不正确，扣1分
	清理口腔，1分	如果溺水者口腔有异物，则清理；没有则忽略	未清理口中异物或没有口述"没有异物"，扣1分
	开放气道，1分	一只手掌压住前额，另一只手食指和中指上抬下颌骨，将头部后仰	打开手法错误，扣1分

续表

考核内容及分值		考核要点	扣分标准
心肺复苏 18分	口对口吹气，2分	用一只手的拇、食两指捏住溺水者鼻翼，张开口包住溺水者的嘴通气至其胸部隆起。吹气后应与溺水者口部脱离。口对口吹气2次，每次通气应该维持大约1秒	吹不进气，扣1分 方法不正确，达到通气效果，漏气，扣1分 方法正确但达不到通气效果，扣1分 吹气时间不足或通气过度，扣1分
	胸外按压，8分	部位：掌根按压胸骨下半部，两乳头连线与胸骨交叉点 姿势：双手交叠，十指相扣，双肘关节伸直，用掌根部按压；以髋关节为轴，身体重量垂直下压，压力均匀，每次按压后胸廓充分回弹，掌根不能离开胸壁 胸外按压30次，按压通气比例为30∶2，按压频率100~120次/分，按压深度5~6厘米。按压与放松的比例为1∶1。按压中断时间小于10秒钟	按压部位不准确，考核不能通过 按压动作错误，扣1分 按压通气比例错误，扣1分 频率错误，扣2分 深度错误，扣2分 未充分回弹，扣1分 掌根离开胸壁，扣1分
	重新评估，1分	30次胸外按压，2次口对口通气为一个循环；约2分钟，完成5次循环后重新评估	考评员未示意结束或AED未到现场，考生自行停止，视为心肺复苏未完成
自动体外除颤器（AED）操作 22分	立即使用AED，4分	AED到达现场后立即使用AED	未立即使用AED，扣4分
	AED使用 12分 打开电源，1分	打开电源	未打开电源，扣1分
	擦干胸部，2分	擦干将要贴电极片部位的水	未擦干贴电极片部位水，扣2分
	贴电极片，2分	两块电极片分别贴在右胸上部和左胸左乳头外侧	贴电极片的位置不正确，扣2分
	连接电源插头，1分	贴电极片后将插头插入主机插孔	插插头和贴电极片顺序错误，扣1分
	分析心律，2分	提醒溺水者周围人离开，不可触碰溺水者，使用AED进行分析	触碰溺水者，干扰AED分析，扣2分

续表

考核内容及分值			考核要点	扣分标准
自动体外除颤器（AED）操作	AED分析决策（一种可能）8分	电击心律：除颤，8分	AED提示可电击心律，再次提醒溺水者周围人离开，不可触碰溺水者，确保施救者及周围人安全，给予除颤，除颤后立即进行心肺复苏	未确保施救者和周围人群安全，扣4分 除颤后未立即进行心肺复苏，扣4分
		不可电击心律：心肺复苏，8分	AED提示不可电击心律，则持续进行心肺复苏	AED分析后未立即心肺复苏，扣8分
	AED重新分析，2分		进行2分钟心肺复苏后，AED重新分析心律，根据AED提示予以除颤或持续进行心肺复苏	未按照AED提示进行操作，扣2分

附　件

附件1：初级游泳救生员水上技能操作考核评分表

初级游泳救生员水上技能操作考核评分表

准考证号	组/道	姓名	25米速度游（男≤20秒，女≤22秒）		20米潜泳		现场赴救：徒手救生或浮标救生（40分）				总分	备注
			合格（√）	补考成绩	合格（√）	补考成绩	入水（10分）	接近（10分）	拖带（10分）	上岸（10分）		

考评员签字：

日期：　　年　　月　　日

附件2：初级游泳救生员现场赴救组合技术题签（徒手救生）

- 蛙腿式入水—正面接近—夹胸拖带—深水无阶梯双人上岸
- 蛙腿式入水—正面接近—双手托腋拖带—深水无阶梯双人上岸
- 蛙腿式入水—背面接近—夹胸拖带—深水无阶梯双人上岸
- 蛙腿式入水—背面接近—双手托腋拖带—深水无阶梯双人上岸
- 蛙腿式入水—侧面接近—夹胸拖带—深水无阶梯双人上岸
- 蛙腿式入水—侧面接近—双手托腋拖带—深水无阶梯双人上岸
- 跨步式入水—正面接近—夹胸拖带—深水无阶梯双人上岸
- 跨步式入水—正面接近—双手托腋拖带—深水无阶梯双人上岸
- 跨步式入水—背面接近—夹胸拖带—深水无阶梯双人上岸
- 跨步式入水—背面接近—双手托腋拖带—深水无阶梯双人上岸
- 跨步式入水—侧面接近—夹胸拖带—深水无阶梯双人上岸
- 跨步式入水—侧面接近—双手托腋拖带—深水无阶梯双人上岸

附件3：初级游泳救生员现场赴救组合技术题签（浮标救生）

情景描述：救生员在值岗时，发现一名溺水者，其状态为水面昏迷，无意识，救生员携带救生浮标进行施救。

考生技术动作要求：

- 蛙腿式入水—接近—拖带—深水无阶梯双人上岸

情景描述：救生员在值岗时，发现一名溺水者，其状态为水面昏迷，无意识，救生员携带救生浮标进行施救。

考生技术动作要求：

- 跨步式入水—接近—拖带—深水无阶梯双人上岸

情景描述：救生员在值岗时，发现一名溺水者，其状态为水面昏迷，无意识，救生员携带救生浮标进行施救。

考生技术动作要求：

- 鱼跃式入水—接近—拖带—深水无阶梯双人上岸

附件4：初级游泳救生员心肺复苏考核评分表

初级游泳救生员心肺复苏考核评分表

准考证号	性别	姓名	安全、意识、求救（5分）	判断呼吸（2分）	摆放体位（1分）	清理口腔（1分）	开放气道（4分）	人工呼吸（4分）	胸外按压（22分）	评估（1分）	最终分数	操作程序错误（√）	备注

考评员签字：

日期： 年 月 日

附件5：初级游泳救生员陆上解脱考核题签

- 单手被双手抓握解脱法
- 背面颈部被抱持解脱法
- 正面腰部被抱持解脱法
- 背面腰部肘部同时被抱持解脱法
- 头发被抓解脱法

附件6：初级游泳救生员陆上解脱考核评分表

初级游泳救生员陆上解脱考核评分表

准考证号	性别	姓名	题签代码	用力过度或不足（4分）	动作不连贯（4分）	手法错误（8分）	未能有效控制（4分）	最终分数	备注

考评员签字：

日期：　　　年　　月　　日

附件7：中级游泳救生员水上技能操作考核评分表

中级游泳救生员水上技能操作考核评分表

准考证号	组/道	姓名	25米速度游（男≤18秒，女≤20秒）		20秒踩水		直接赴救（40分）						总分	备注
			合格（√）	补考成绩	合格（√）	补考成绩	入水（5分）	接近（8分）	解脱（12分）	拖带（10分）	上岸（5分）			

考评员签字：　　　　日期：　　年　　月　　日

附件8：中级游泳救生员现场赴救组合技术题签

第一组：

- 蛙腿式入水—正面接近—单手被双手抓握解脱—夹胸拖带—深水无阶梯单人上岸
- 蛙腿式入水—正面接近—单手被双手抓握解脱—双手托腋拖带—深水无阶梯单人上岸
- 蛙腿式入水—背面接近—单手被双手抓握解脱—夹胸拖带—深水无阶梯单人上岸
- 蛙腿式入水—背面接近—单手被双手抓握解脱—双手托腋拖带—深水无阶梯单人上岸
- 蛙腿式入水—侧面接近—单手被双手抓握解脱—夹胸拖带—深水无阶梯单人上岸
- 蛙腿式入水—侧面接近—单手被双手抓握解脱—双手托腋拖带—深水无阶梯单人上岸
- 跨步式入水—正面接近—单手被双手抓握解脱—夹胸拖带—深水无阶梯单人上岸
- 跨步式入水—正面接近—单手被双手抓握解脱—双手托腋拖带—深水无阶梯单人上岸
- 跨步式入水—背面接近—单手被双手抓握解脱—夹胸拖带—深水无阶梯单人上岸
- 跨步式入水—背面接近—单手被双手抓握解脱—双手托腋拖带—深水无阶梯单人上岸
- 跨步式入水—侧面接近—单手被双手抓握解脱—夹胸拖带—深水无阶梯单人上岸
- 跨步式入水—侧面接近—单手被双手抓握解脱—双手托腋拖带—深水无阶梯单人上岸

第二组：

- 蛙腿式入水—正面接近—背面颈部被抱持压腕解脱—夹胸拖带—深水无阶梯单人上岸
- 蛙腿式入水—正面接近—背面颈部被抱持压腕解脱—双手托腋拖带—深水无阶梯单人上岸
- 蛙腿式入水—背面接近—背面颈部被抱持压腕解脱—夹胸拖带—深水无阶梯单

人上岸

- 蛙腿式入水—背面接近—背面颈部被抱持压腕解脱—双手托腋拖带—深水无阶梯单人上岸
- 蛙腿式入水—侧面接近—背面颈部被抱持压腕解脱—夹胸拖带—深水无阶梯单人上岸
- 蛙腿式入水—侧面接近—背面颈部被抱持压腕解脱—双手托腋拖带—深水无阶梯单人上岸
- 跨步式入水—正面接近—背面颈部被抱持压腕解脱—夹胸拖带—深水无阶梯单人上岸
- 跨步式入水—正面接近—背面颈部被抱持压腕解脱—双手托腋拖带—深水无阶梯单人上岸
- 跨步式入水—背面接近—背面颈部被抱持压腕解脱—夹胸拖带—深水无阶梯单人上岸
- 跨步式入水—背面接近—背面颈部被抱持压腕解脱—双手托腋拖带—深水无阶梯单人上岸
- 跨步式入水—侧面接近—背面颈部被抱持压腕解脱—夹胸拖带—深水无阶梯单人上岸
- 跨步式入水—侧面接近—背面颈部被抱持压腕解脱—双手托腋拖带—深水无阶梯单人上岸

第三组：

- 蛙腿式入水—正面接近—正面腰部被抱持解脱—夹胸拖带—深水无阶梯单人上岸
- 蛙腿式入水—正面接近—正面腰部被抱持解脱—双手托腋拖带—深水无阶梯单人上岸
- 蛙腿式入水—背面接近—正面腰部被抱持解脱—夹胸拖带—深水无阶梯单人上岸
- 蛙腿式入水—背面接近—正面腰部被抱持解脱—双手托腋拖带—深水无阶梯单人上岸
- 蛙腿式入水—侧面接近—正面腰部被抱持解脱—夹胸拖带—深水无阶梯单人上岸
- 蛙腿式入水—侧面接近—正面腰部被抱持解脱—双手托腋拖带—深水无阶梯单人上岸
- 跨步式入水—正面接近—正面腰部被抱持解脱—夹胸拖带—深水无阶梯单人上岸

• 跨步式入水—正面接近—正面腰部被抱持解脱—双手托腋拖带—深水无阶梯单人上岸

• 跨步式入水—背面接近—正面腰部被抱持解脱—夹胸拖带—深水无阶梯单人上岸

• 跨步式入水—背面接近—正面腰部被抱持解脱—双手托腋拖带—深水无阶梯单人上岸

• 跨步式入水—侧面接近—正面腰部被抱持解脱—夹胸拖带—深水无阶梯单人上岸

• 跨步式入水—侧面接近—正面腰部被抱持解脱—双手托腋拖带—深水无阶梯单人上岸

第四组：

• 蛙腿式入水—正面接近—背面腰部肘部同时被抱持解脱—夹胸拖带—深水无阶梯单人上岸

• 蛙腿式入水—正面接近—背面腰部肘部同时被抱持解脱—双手托腋拖带—深水无阶梯单人上岸

• 蛙腿式入水—背面接近—背面腰部肘部同时被抱持解脱—夹胸拖带—深水无阶梯单人上岸

• 蛙腿式入水—背面接近—背面腰部肘部同时被抱持解脱—双手托腋拖带—深水无阶梯单人上岸

• 蛙腿式入水—侧面接近—背面腰部肘部同时被抱持解脱—夹胸拖带—深水无阶梯单人上岸

• 蛙腿式入水—侧面接近—背面腰部肘部同时被抱持解脱—双手托腋拖带—深水无阶梯单人上岸

• 跨步式入水—正面接近—背面腰部肘部同时被抱持解脱—夹胸拖带—深水无阶梯单人上岸

• 跨步式入水—正面接近—背面腰部肘部同时被抱持解脱—双手托腋拖带—深水无阶梯单人上岸

• 跨步式入水—背面接近—背面腰部肘部同时被抱持解脱—夹胸拖带—深水无阶梯单人上岸

• 跨步式入水—背面接近—背面腰部肘部同时被抱持解脱—双手托腋拖带—深水无阶梯单人上岸

• 跨步式入水—侧面接近—背面腰部肘部同时被抱持解脱—夹胸拖带—深水无阶梯单人上岸

• 跨步式入水—侧面接近—背面腰部肘部同时被抱持解脱—双手托腋拖带—深水

无阶梯单人上岸

第五组：

- 蛙腿式入水—正面接近—头发被抓解脱—夹胸拖带—深水无阶梯单人上岸
- 蛙腿式入水—正面接近—头发被抓解脱—双手托腋拖带—深水无阶梯单人上岸
- 蛙腿式入水—背面接近—头发被抓解脱—夹胸拖带—深水无阶梯单人上岸
- 蛙腿式入水—背面接近—头发被抓解脱—双手托腋拖带—深水无阶梯单人上岸
- 蛙腿式入水—侧面接近—头发被抓解脱—夹胸拖带—深水无阶梯单人上岸
- 蛙腿式入水—侧面接近—头发被抓解脱—双手托腋拖带—深水无阶梯单人上岸
- 跨步式入水—正面接近—头发被抓解脱—夹胸拖带—深水无阶梯单人上岸
- 跨步式入水—正面接近—头发被抓解脱—双手托腋拖带—深水无阶梯单人上岸
- 跨步式入水—背面接近—头发被抓解脱—夹胸拖带—深水无阶梯单人上岸
- 跨步式入水—背面接近—头发被抓解脱—双手托腋拖带—深水无阶梯单人上岸
- 跨步式入水—侧面接近—头发被抓解脱—夹胸拖带—深水无阶梯单人上岸
- 跨步式入水—侧面接近—头发被抓解脱—双手托腋拖带—深水无阶梯单人上岸

附件9：中级游泳救生员陆上佩戴颈托考核评分表

中级游泳救生员陆上佩戴颈托考核评分表

准考证号	性别	姓名	1号位角色 复位（3分）				2号位角色 复位（2分）			总分 （满分10分）
			头锁 （1分）	左右复位 （1分）	前后复位 （1分）	检查（1分）	左右复位 （1分）	前后复位 （1分）	佩戴颈托 （4分）	

考评员签字：　　　　　　　　　　　　　　　　日期：　　　年　　月　　日

附件 10：中级游泳救生员陆上急救板使用考核评分表

中级游泳救生员陆上急救板使用考核评分表

准考证号	姓名	性别	1号位						2号位				总分（满分20分）
			头锁（2分）	改良斜方肌挤压（2分）	斜方肌挤压（2分）	平移复位（2分）	头部两侧放泡沫垫（1分）	头部扣带（1分）	口令清晰准确（2分）	头胸固定（2分）	侧翻（2分）	扒板（2分）	胸腰脚扣带（2分）	

考评员签字：

日期：　　　年　　　月　　　日

附件11：中级游泳救生员心肺复苏考核评分表

中级游泳救生员心肺复苏考核评分表

准考证号	性别	姓名	安全、意识、求救（2分）	判断呼吸（1分）	摆放体位（1分）	清理口腔（1分）	开放气道（1分）	人工呼吸（3分）	胸外按压（10分）	评估（1分）	最终分数	操作程序错误（√）	备注

考评员签字：

日期： 年 月 日

附件 12：中级游泳救生员自动体外除颤器考核评分表

中级游泳救生员自动体外除颤器考核评分表

准考证号	性别	姓名	打开电源（1分）	擦干胸部（1分）	贴电极片（1分）	连接电源插头（1分）	分析心律（2分）	除颤（4分）	最终分数	备注

考评员签字：

日期：　　年　　月　　日

附件 13：高级游泳救生员培训与管理考核评分表

高级游泳救生员培训与管理考核评分表

姓名	培训部分			分数	管理部分				分数	总分
	教学及考核技术要点的把握（10分）	示范面的掌握及示范能力（4分）	讲解能力与表达（6分）		布岗图（3分）	观察区划分（4分）	值岗救生员管理（6分）	应急预案（7分）		

考评员签字：

日期：　　　年　　月　　日

附件14：高级游泳救生员模拟教学题签

- 讲解踩水技术
- 讲解抬头爬泳技术
- 讲解反蛙泳技术
- 讲解长划臂蛙泳潜远技术
- 讲解侧泳技术
- 讲解蛙腿式入水技术
- 讲解跨步式入水技术
- 讲解正面接近技术
- 讲解背面接近技术
- 讲解侧面接近技术
- 讲解双手托腋技术
- 讲解夹胸拖带技术
- 讲解深水无阶梯单人上岸技术
- 讲解深水无阶梯双人上岸技术
- 讲解"单手被双手抓握"解脱方法
- 讲解"背面颈部被抱持"解脱方法
- 讲解"正面腰部被抱持"解脱方法
- 讲解"背面腰部、肘部同时被抱持"解脱法
- 讲解"头发被抓"压掌推肘解脱法
- 讲解"头发被抓"压腕掰指解脱法
- 讲解心肺复苏与自动体外除颤器（AED）操作步骤及要点

附件15：高级游泳救生员浅水水中急救板使用考核评分表

高级游泳救生员浅水水中急救板使用考核评分表

姓名	1号位		2号位			1号位				2号位		1号位	2号位	1号位	总分（满分20分）
	固定手法正确（2分）	口鼻露出水面（2分）	轻轻入水（1分）	板位准确（2分）	固定手法正确（1分）	两臂放在体侧（1分）	用肩胸承托板头（1分）	用两臂固定板边（1分）	双手固定头部（1分）	依次扣上胸、腰、腿扣带（2分）	固定手法正确（1分）	放置固定器和固定方法正确（2分）	动作轻缓、配合协调（1分）	配合时，发出口令准确（2分）	

考评员签字：　　　　　　　　日期：　　年　　月　　日

附件 16：高级游泳救生员心肺复苏与自动体外除颤器（AED）考核评分表

高级游泳救生员心肺复苏与自动体外除颤器（AED）考核评分表

姓名	心肺复苏操作（18分）								自动体外除颤器（AED）操作（8分）							自动体外除颤器（AED）分析决策（8分）		自动体外除颤器（AED）重新分析（2分）	总分（满分）（40分）
	安全、意识、呼救（3分）	判断呼吸（1分）	摆放体位（1分）	清理口腔（1分）	开放气道（1分）	人工呼吸（2分）	胸外按压（8分）	评估（1分）	心肺复苏与自动体外除颤器（AED）的衔接（4分）							电击心律：除颤（8分）	不可电击心律：心肺复苏（8分）		
									操作程序错误（√）	及时使用 AED（4分）	打开电源（1分）	擦干胸部（2分）	贴电极片（2分）	连接电源插头（1分）	分析心律（2分）				

考评员签字：

日期：　　年　月　日